铁道与天皇

日本近代城市的帝国化

「民都」大阪対「帝都」東京
思想としての関西私鉄

[日]原武史——→著　王笑宇——→译

上海人民出版社　LUMINAIRE BOOKS
光启书局

目 录

序章　昭和大礼的景观

昭和天皇前往京都

那是1928年（昭和三年）11月6日的事。[1]

上午8点，"御召列车"在众多政府官员目送之下，从东京车站第8站台出发了。这辆火车共11节车厢，由C51型蒸汽车头牵引行驶。

"御召列车"，即天皇和皇后乘坐的火车。[2]列车第3节车厢，

---

[1]　关于昭和大礼之行的记述，参考了以下资料、著作、论文：《昭和大礼记录》（铁道部，1932）、原田胜正《产业的昭和社会史8：铁道》（日本经济评论社，1988）、田中真人《1928年天皇即位大典与铁道运输》（《铁道史学》第7号，1989）。——原注（本书注释如无特别说明，皆为原注。）

本书同一西历纪年多次标注日本年号纪年，此为随原书意图，提示读者事件发生的时代背景。——编注

[2]　御召列车的定义因时期而异。至少截至明治末期，在天皇和皇后（转下页）

放置着从皇宫运来的"贤所"。"贤所"是用来安放八咫镜复制品[1]的空间。在日本，八咫镜被视为天皇始祖"天照大神"的正体。昭和天皇和香淳皇后，分别在第5、6节车厢。就在这一天，天皇搭乘"东海道本线"，从东京前往京都。天皇此行是为了参加在京都御所和旧仙洞御所举行的即位典礼，也就是即位礼和大尝祭[2]。

依据1889年（明治二十二年）制定的（旧）皇室典范第11条，"即位礼及大尝祭应于京都举行"。因此，这次大礼的举办地点定在京都。这是大正天皇（1879—1926）之后第二次举办大礼。东京站原本就是为了纪念大正天皇登基而兴建的，车站随大礼动工，

（接上页）以外，皇太子乘坐的列车也被称为御召列车。但到了裕仁皇太子，即后来的昭和天皇进行正式巡启的大正中期，天皇和皇后乘坐的御召列车与"皇太子殿下与妃殿下或皇子殿下之御乘列车"在规章上就有了区别。到了皇太子不再巡启的昭和初期，依据1937年制定的《御召列车驾驶及警卫须知》第2条所示，"御召列车为天皇陛下、皇后陛下、皇太后陛下御乘之临时驾驶的直通列车"（《铁道公报》第3225号，交通博物馆收藏），意即不能将皇太子乘坐的列车视为御召列车。但是，在新闻报道等场合，大正中期以后，依然将包括皇太子乘坐的列车在内统称为御召列车。皇室用语中，天皇访问两个以上的地方称为"巡幸"，访问一个地方称为"行幸"，而皇后、皇太后、皇太子访问两个以上的地方称为"巡启"，访问一个地方称为"行启"。方便起见，以下正文原样使用这些用语。

[1] 三件神器分别为草薙剑、八尺琼勾玉和八咫镜。神器的原件原本存放在一起，后来前两件被存入热田神宫，八咫镜被存入伊势神宫。大尝祭中所使用的是复制品。——译注

[2] 大尝祭是由庆祝水稻丰收的节日"尝新节"发展而来的日本特有的登基仪式，是天皇即位礼的重要组成部分，每代天皇只有一次，又称"践祚大尝祭"。——译注

于1914年（大正三年）完工（实际上由于昭宪皇太后去世，大礼延后了一年）。直到1929年（昭和四年），车站的八重洲出口都不过是一座红砖建筑。它面朝皇宫，位于丸之内车站内侧。车站中央，设有严禁一般乘客进入的贵宾室。皇室专用通道，沿站台向地下延伸。昭和天皇和香淳皇后就是通过这条通道，进入东海道本线站台，搭上了御召列车。

当时，东海道本线虽有多条干线，但是电气化行驶路段只有东京—国府津间，其余皆为非电气化路段。无须多言，这是当时日本国有铁道（下文简称为"国铁"[1]）中最重要的轨道之一。由于当时丹那隧道尚未开通，所以天皇选择了经由国府津到达御殿场，绕道箱根，再穿过沼津这样的路线。

御召列车经停山北、沼津、静冈、松滨，于下午3点30分抵达名古屋。天皇和皇后随即下车，在名古屋离宫（名古屋城本丸）过夜，次日再乘车。上午11点，御召列车从名古屋出发，经停大垣和米原，于下午2点抵达京都。东京—京都间，包含停车时间在内的平均时速（表定时速）刚好是每小时50公里。

10日，天皇即位礼如期举行。大尝祭则在14日夜至15日清晨之间举行。之后，天皇和皇后一起乘坐御召列车参拜了伊势神宫、

[1]　国铁这个名称，在战后一般用作"由公共企业建设运营的日本国有铁道"的简称。而参照原田胜正《铁道与近代化》（吉川弘文馆，1998）第129页，则指1906年《铁道国有法》实施以后的国有铁道。

神武天皇陵、伏见桃山陵（明治天皇陵）。御召列车分别在以下路段运行：19日、22日从京都出发，经国铁草津线、关西本线、参宫线，到达伊势神宫所在地山田（现伊势市）。（返程为逆向运行，下同。）23日，从京都经国铁奈良线、樱井线，到达神武天皇陵所在地亩傍[1]。25日，从京都经奈良线，到达伏见桃山陵所在地桃山。虽然火车车厢和从东京出发时相比减少了一部分，但天皇和皇后乘坐的实际是同一辆火车。

三十度敬礼

御召列车运行时刻表是特制的，每一个区间都跟一般时刻表不同。该时刻表以30秒为单位，精心设计。在这个时间前后的火车自不必说，何时会遇到对向行驶的火车，也都经过了严密的检查。在御召列车行驶前的20分钟及40分钟，有专门的火车（指导列车）负责对轨道进行安全检查。指导列车一旦驶过，轨道上的转辙器就会被固定，道口栏杆也会被放下，信号灯会一直保持绿色不变。指导列车和御召列车，都按照时刻表运行。火车提前或延迟的误差范围，被严格控制在1分钟之内。

---

[1] 亩傍为奈良县地名。亩傍山被誉为"大和三山"之一，是与神道信仰、天皇氏族关系密切的地域。亩傍御陵附近有包括神武天皇陵在内的多座天皇陵。——译注

在东海道本线的京都—东京间，御召列车途经的各个车站，都已被提前告知火车几点几分（几秒）在哪个车站路过或停车。火车路过至少1个小时之前，站台内会聚集起被准许"奉迎"天皇的人群——包括市长、县议员等当地有影响力的人物，以及大中学生、青年团团员、在乡军人等市民。火车通过之时，他们要向天皇乘坐的那列车厢敬礼。虽然不能直接目睹天皇的真容，但众人还是在站台指定区域整齐排列，做好了敬礼的准备。列队的人数，以横滨站9800人为最，其次为三岛站5800人、岐阜站4200人。总之，各个车站的欢迎人数都在2000人以上。

虽说迎驾人数众多，但站台内却鸦雀无声。没有人高呼万岁，也无人唱响《君之代》[1]，唯有令人窒息的沉寂。关于大中学生如何敬礼，文部省有详细规定。学生们在学校已经接受了严格的敬礼训练。随着带队老师的一声"敬礼"，他们一起"上身向前倾斜30度面向御车"行礼。[2]寂静的站台内，回响着"敬礼"之声。各个车站的欢迎活动，都在有条不紊地进行着。

向火车行礼，不止发生在站台内。无法进入站台欢迎天皇的

[1] 《君之代》，诞生于1869年，当时虽未被正式认定为日本国歌，但经常被使用在与国家庆典相关的重要场合，1999年通过《国旗国歌法》被正式规定为日本国歌。——译注

[2] 1916年（大正五年）10月9日文化部训令第5号《行幸启之节学生敬礼方中修改》（佐藤秀夫编《续现代史资料9》教育2卷［瑞穗书房，1996］，第71页）。

人们，也在车站和车站之间聚集起来，庄重地向来车敬礼。在某些地点，敬礼民众达2万人之多。火车沿线，警备森严。但即便如此，在警卫看不到的树林、田地里，仍处处飘扬着日之丸旗。[1]敬礼之人比比皆是。有些老百姓没有见过御召列车，竟错把先行经过的指导列车当作御召列车，对着敬起了礼。[2]

11月26日，昭和天皇和香淳皇后结束全部行程，从京都启程，经东海道本线，于第二天平安返回了东京。两天后，因为需要祭拜安葬大正天皇的多摩陵，天皇和皇后从原宿站宫廷特设站台出发，前往八王子—浅川（现为高尾）间的东浅川临时停车场（现已废弃）。

> 我国国有铁道，肩负御召列车运行、大礼相关诸般运输之任。此乃国有铁道之光荣，予与诸子不胜感激。诸子无论是否与大礼之事务直接相关，皆须竭诚奉公、恪尽职守，尽到国家交通部门之责任。务必确保人员、货物安全。切勿招致事故、动摇人心。[3]

---

[1] 望月圭介传编委会编《望月圭介传》（羽田书店，1945），第366页。

[2] 金子均"火车之烟之19"（《铁道画报》297号，1974，第63页）。

[3] 《铁道公报》号外（大礼相关）第214号，1928年（昭和三年）11月1日（交通博物馆收藏）。原文无标点。

在大礼举行之前，铁道大臣小川平吉（1870—1942）对全体员工做出了上述训示。训示要求，作为铁道工作人员，须"竭诚奉公"，"尽到国家交通部门之责任"。事实证明，小川交待的工作，铁道部门顺利完成了。

"御发辇"和"京都行幸日"

昭和天皇和香淳皇后，从东京前往京都的当天早晨，《东京朝日新闻》刊登了柳田国男题为"御发辇"的社评。"御发辇"是指天皇乘坐的火车从东京出发这一事件。1915年（大正四年），大正大礼之时，柳田作为贵族院书记长参加典礼，彻夜奉公。他曾执笔《大尝祭所感》，隐晦批判仪式不妥之处。但此次昭和大礼，他始终留在东京，没有前往京都参礼。

在社评里，柳田没有关注仪式的具体内容，而是着眼于大礼对社会产生的影响："这次大典令人欣喜。第一，历次参加大礼的国民人数之中，此次最多。"接下来他又写道，"每个人都迅速理解了即位礼、大尝祭的主旨。无人不知，此乃天朝国民须遵循的根本理法"，是"民心所向，前代未闻"。柳田指出，昭和大礼起到的"民心统一"之作用，远胜于同在京都举行的大正大礼。他特意强调这得益于"交通和教育之力"。

引文中的"教育"指学校教育，"交通"的具体所指却不甚明了。不过，关于这点，社评的原稿有明确记载。实际上，这篇名为"御发辇"的社论，原稿名为"京都行幸日"。[1]原文字数是现在的1.5倍以上，但被总编辑绪方竹虎（1888—1956）删减了。幸运的是，在《定本柳田国男集》别卷第2卷（筑摩书房，1964）中，可以看到原文。原文中有如下表述：

> 这次行幸，侍奉神器往来于两京之间，是御代第一个盛大仪式，更是没有先例的雄图壮举。沿途男女老少，向神圣的御羽车行礼。这种行为带来的间接效应，可谓一次颇具意义的改革。
>
> 古老的国家仪式，第一次出现在公民之现实生活中。对于国民来说，这是一次非常重要的体验。

此处需要加以说明。"两京"指东京和京都，"沿途"指铁道沿线。"御羽车"是前文提到过的，设有贤所的火车，此处指的就是御召列车中载有贤所的车厢（也就是"贤所乘御车"）。而"御发辇"是柳田国男特意使用的有关"交通"的词语，可以简单理解为铁道。

大礼没在东京举行，而是在皇室典范发源地京都盛大召开。

---

[1] 《定本柳田国男集》别卷第2卷（筑摩书房，1964），第181—183页。

其中的"间接效应"，引起了柳田国男的关注。何谓"间接效应"？天皇侍奉神器，乘坐御召列车，从东京到京都，从山田到亩傍。这一路，本来沿线"男女老少"断无可能目睹天皇行程，但正是由于天皇乘坐火车长距离移动，才使得他们有机会"向神圣的御羽车行礼"。

也就是说，柳田不光看到了大礼的"直接效应"，也就是日本人民"因怀有对千年古都的爱意，将其视为理所应当的旧礼"。他还觉察到，由于大礼在京都举行，御召列车需要在东海道本线等主要干线运行。因此，人们才得以在火车沿线聚集围观，向着载有天皇与神器的火车依次敬礼。柳田认为这种在京都举行的"国家仪式"，并没有就此结束。它作为"公民生活的重要组成部分"，渗透进了人们的日常生活中。

柳田国男的铁道论

这次昭和大礼，使得平时生活在不同地区的人们，无论年龄、性别、职业，都拥有了一次共同体验。人们意识到自己是天皇的臣民。国民产生共同体验的同时，铁道通过各种各样的"事件"，发挥了重要作用。当然，在明治时代，天皇就已经乘坐火车行幸了。不过，对于昭和大礼，铁道省从一开始就悉心准备，动员了包括铁道部门职工和警察在内的大量人力物力，可谓前无古人。

从权力中心东京出发，火车像精密仪器般，以秒为单位行进。沿途人群总计百万以上，他们的行动、动作都被严格规定。人们在规定的时间，面朝火车一齐敬礼。如此盛况，非铁道难以实现。柳田的铁道论，精准地揭示了铁道的这一特征。

铁道在"京都行幸日"，作为一种上演国民共时体验的装置而存在。这种观点，在柳田国男于1930年（昭和五年）开始动笔的《明治大正史》世相篇的第六章"新交通和文化输送者"中被继承了下来。此处，他并没有直接谈及御召列车。柳田并非以"专家"的目光审视贯通日本全国的"铁道的历史"，而意在"从外部考虑其影响"。[1]他认为最重要的是，日本列岛虽有南北自然差异，但多亏铁道，整个列岛被真正联系在了一起。因此，人们产生了一种意识——所有的日本国民都是一个整体。

1928年（昭和三年），与昭和大礼同年，《雪国之春》出版。柳田国男就日本列岛南北差异，这样写道："坦白讲，我出生在温暖如春的中部沿海（引者注：兵库县神崎郡福崎町西田原辻川），这里虽然比较闭塞，但能让人安心生活。只要去阅读，人们就能慢慢获得一种作为国民的体验。"[2]柳田国男住不惯日本东北地区，那里的冬天令人举步维艰。因此，他比一般人对日本的南北差异

---

[1]　柳田国男《明治大正史》世相篇上卷（讲谈社学术文库，1976），第205页。

[2]　《柳田国男全集》第2卷（筑摩书房，1989），第16页。

更加敏感。有关这一点，他在"新交通和文化输送者"一章中也再三强调，"我们有关下雪地区人们生活状况的研究还很不够"。

据柳田国男所说，最先打破"雪中生活"这一限制的，是明治时期确立的"全国统一之教育制度"。但即便如此，"实际上还是无法突破地理条件的限制。夏天，日本全国大同小异。可一入冬，却成了另一番天地，仿佛穿越到了身处都市时难以想象的古代"。最终成功打破"地理条件限制"的，正是铁道。"虽然火车也会受雪灾影响，但总算给这里送入了一丝新鲜气息。""从最近的选举也可以看出，日本变成了即使在冬天，也依然是一个共同国家的地方。其中也有电信、电话的功劳，但最大功臣非火车莫属。"[1]

这篇文章和《京都行幸日》也有不同之处。"新交通和文化输送者"中，作者假想的铁道，与其说是东海道本线那样贯穿东西日本的铁道，不如说是延伸至东北日本的铁道。柳田国男所谓日本"即使在冬天，也依然是一个共同国家的地方"的原因，不仅在于教育，铁道也发挥着作用。这也是《京都行幸日》被改写成《御发辇》的原因之一。这也让人想起，他曾把"交通和教育"并举，认为二者皆为"统一民心"之"力"。

---

[1]　柳田国男《明治大正史》世相篇上卷，第208—209页。

作为装置的铁道

从《京都行幸日》到"新交通和文化输送者",从1928年到1930年,柳田国男铁道论中值得注意的点是:之前铁道是日本经济史和日本经营史的研究对象,但以昭和大礼为契机,铁道作为现代国家统治国民(臣民)的装置被重新考察。明治时代起源于"帝都"东京的铁道,随着日本资本主义经济的发展,不光在经济层面,而且在思想层面,也和国家意识的形成紧密结合了起来。

铁道发挥作用的重要形式,不仅在于天皇、皇后,以及皇太后、皇太子的出行,还在于昭和天皇代理人、和天皇一岁之差的弟弟秩父宫雍仁(1902—1953)等皇族也乘坐御召列车出行。更加不可忽视的是,从明治后期到昭和初期,御召列车不仅多次频繁出现在从北海道到九州的全国各地,还延伸到了当时的殖民地,甚至包括伪满洲国。这些沿线出现了何种"支配"秩序,笔者将在其他作品中另行叙述。[1]诚如柳田国男所说,1928年11月的昭和大礼,盛况空前。

本书开头首先例举昭和大礼,也是为了让读者明白,它从侧面反映了铁道作为从东京到全国,以致延伸到殖民地的媒介,把之前支离分散的意识、感觉,甚至身体都统一了起来。

---

[1]   可参见原武史《可视化帝国:近代日本之行幸启(增补版)》(瑞穗书房,2011)。

但是到此为止提到的铁道，还是以"帝都"东京为主的国铁。铁道作为媒介促成的"国民化"[1]（臣民化）景观，准确说来，确实因国铁的发达而产生。

但是，近代日本的铁道并非只有国铁。

随着1906年（明治三十九年）《铁道国有法》的制定，铁道国有化被大力推广。即便如此，都市里仍普遍存在着作为私铁被保留下来的铁道。其中，以大阪的关西私铁最为发达。在关西地区，关西私铁在昭和大礼举行之时，就已经拥有多于国铁的铁道网。同时，为了和国铁抗衡，它还在沿线创造了自己的独特文化。如果说国铁是统治国民的装置，当时的关西私铁，则是从"官"独立出来，创造出地方人民全新生活方式的文化装置。本书将详细讨论这个问题。

本书将聚焦被柳田国男忽略的，另一种近代日本的铁道，也就是明治后期到昭和初期的关西私铁。通过关西私铁，我们可以看到和"帝都"东京完全不同的，"民都"大阪的城市状况。本书所用"民都"一词，出自小林一三（1873—1957）之口。他认为大阪是和"政治中心"东京相对的"民众的大都会"。

此时的东京，皇宫东面修起了东京站，西面建造了明治神宫、

[1]　关于"国民化"这个术语，请参考西川长夫《日本型国民国家的形成》（西川长夫、松宫秀治编《幕末、明治时期的国民国家形成和文化变化》[新曜社，1995]，第30—36页）。

神宫外苑、多摩陵。而在大阪，则出现了私铁公司相互竞争的局面。各家私铁公司在铁道沿线兴建住宅地、游乐场、歌剧院、棒球场、百货商店等，形成了自主的生活文化圈。进入昭和时代，一直以来对大阪颇感兴趣的一位天皇即位了，使得大阪也逐渐笼罩在"帝都"的阴影之下。为了纪念天皇而竖立的纪念碑、昭和大礼的景观，这些也都可以在大阪内部被看到了。随着某些象征"民都"没落的决定性事件发生，已经被忘却的难波津（大阪旧名）的记忆逐渐复苏。

在本书中，我将尽力按照史实详细描述这一过程。我认为，通过这一论述，此前并没有把"日本"当作一个单一实体来看待的近代日本思想的独特面相，将浮现出来。基于这一考虑，本书将以大阪为舞台，以关西私铁为媒介，探讨包含近代"帝都"在内的整个日本思想史。[1]

---

[1]　本书几乎不出现所谓有名的思想家。主要登场的是关西私营铁道的经营者、市长，还有天皇这些看似很难被称为"思想家"的人物。更进一步说，从明治末期到昭和初期居住在关西地区，在日常生活中使用私营铁道的为数众多的无名人士被当作本书的"幕后主角"。尽管本书风格与一般思想史的研究书籍相差甚远，但在这里硬要用"思想史"一词，与一位政治思想史学家不无关系。"有组织的暴力，通过意识和语言成为可能。而且，不仅是信从，哪怕是忍从与屈从，都一定会传播意识。从这个意义上说，政治社会在人们的各种'心性'、意识、潜意识和无意识中存在。'思想家'们的讨论也是以这些为前提进行的。如果这样想的话，政治思想史，光是追溯'思想家'们的系统理论，是不够的。"（渡边浩《东亚的王权与思想》[东京大学出版社，1997]，第 v — vi 页）

相关年表 I

1872（明治五年）	10月	新桥—横滨间铁道开业仪式
1874（明治七年）	5月	大阪—神户间铁道开通
1877（明治十年）	3月	京都—大阪间铁道全通
1880（明治十三年）	7月	京都—大津间铁道开通
1881（明治十四年）	11月	日本铁道公司成立（日本最初的私营铁道公司）
1884（明治十七年）	12月	阪堺铁道公司设成立
1885（明治十八年）	3月	日本铁道公司山手线品川—赤羽间开通 南海铁道开业
1887（明治二十年）	5月	《私营铁道条例》颁布（有关私营铁道的最早立法）
	7月	官办铁道横滨—国府津间开通
1888（明治二十年）	1月	山阳铁道公司成立
	5月	阪堺铁道公司难波—堺间全通（日本最早的都市间近郊铁道）
	6月	九州铁道公司成立
	11月	山阳铁道兵库—明石间开通
1889（明治二十二年）	2月	官办铁道国府津—静冈间开通 《大日本帝国宪法》颁布、《皇室典范》制定
	4月	官办铁道静冈—滨松间开通
	6月	横须贺线大船—横须贺间开通，东海道线与横须贺军港相接
	7月	长滨—大津间、米原—深谷（废站）间开通，东海道线新桥—神户间全线开通
	8月	甲武铁道新宿—八王子间开通
	9月	山阳铁道兵库—神户间开通，与官办铁道接轨
	12月	关西铁道草津—三云间开通
1890（明治二十三年）	8月	《轨道条例》颁布
1891（明治二十四年）	9月	日本铁道公司上野—青森间全线开通

1892（明治二十五年）	6月	《铁道铺设法》颁布
1894（明治二十七年）	8月	中日甲午战争（—1895）
1895（明治二十八年）	2月	京都电气铁道开业
	4月	甲午铁道饭田町—八王子间全线开通
	11月	关西铁道奈良—名古屋间全线开通
1896（明治二十九年）	10月	东武铁道开业
1897（明治三十年）	10月	南海铁道滨寺站开业
1899（明治三十二年）	5月	关西铁道凑町—名古屋间全线开通
1900（明治三十三年）	10月	将《私营铁道条例》修改为《私营铁道法》
1903（明治三十六年）	3月	第五届国内劝业博览会在大阪举行（—7月）
	9月	大阪市电开业
1904（明治三十七年）	2月	日俄战争（—1905）
1905（明治三十八年）	4月	阪神电气铁道开业，出入桥—三宫间开通
1906（明治三十九年）	3月	《铁道国有法》颁布
	7月	南海、大阪每日新闻社联合开设滨寺海滨浴场
1907（明治四十年）	4月	阪神香栌园开园（1913废弃）
	8月	南海铁道难波—滨寺公园间电气化
	10月	小林一三成立箕面有马电气轨道公司，出任总经理
	11月	《有关御召列车警卫的通知》制定
	12月	内务省委托博文馆发行《田园都市》
1908（明治四十一年）	1月	阪神发售《鼓励市外居住》手册

第一章　作为文化装置的私铁

1. "帝国"和"王国"

仅仅三十年 —— 遍布全国的铁道网

昭和初期，柳田国男在他关于铁道的论述中提到，不仅是东海道本线这样的干线，日本全国各地都铺设了轨道，东京和地方仅靠一条铁道就能连起来。1914年（大正三年），东京站代替新桥，成为东海道本线的终点站。1925年（大正十四年），山手线开始环线运行，东北本线的终点站上野和东京成功连接。正如东京是全国的中心，此时，东京站也成了全国铁道网的中心。

不过，铁道是从何时开始延伸到日本列岛各个角落的呢？

1872年（明治五年），天皇在新桥—横滨间铁道开通仪式上，宣读敕语："今我国铁道首线宣告竣工（中略），朕期望此线扩张，有朝一日遍布全国。"[1]由此可以看出，近代日本铁道在开通之时，就不仅局限于东京、横滨等大都市。其终极目标是要建成把边远地区也囊括在内的"遍布全国"的铁道网。大部分情况下，日本建成运营铁道的不是"民"，而是"官"。虽然监察部门，如民部省、工部省、内阁、内务省、通信省铁道厅、通信省铁道局、通信省铁道作业局、帝国铁道厅、铁道院、铁道省等一再变更，但由"官"建成运营，即官办官营的国有铁道，一直占据着近代日本铁道的中心位置。

从明治中期到后期，可视为日本最大私营铁道的日本铁道（现JR东北本线、山手线等）、山阳铁道（现JR山阳本线）、九州铁道（现JR鹿儿岛本线、长崎本线等）等总长超过500公里的铁道渐次修成，预示着日本的私铁时代真正来临。可是，这些私铁大多受到政府的保护和资助。由于政府资金短缺，私营公司就代替政府修建运营一些主要干线。此时的私铁，还不能称为真正意义上的私铁。

1906年（明治三十九年），出于军事考虑，陆军强力主张铁道国有化。为了稳固经济基础，涩泽荣一（1840—1931）等财政界首脑也承认了铁道国有化路线，制定了《铁道国有法》。于是，这些大型私铁都被国有化，成了国铁。到这个时期为止，连接新

---

[1] 《日本国有铁道百年史》第1卷（日本国有铁道，1969），第97页。

桥和神户的东海道本线、山阳本线、东北本线等现今已成为JR干线的大部分铁道，都已经开通。从北海道到九州，以东京为主的全国官办铁道网，在明治末期就已基本确立（严格来说，这个时期从宫城直通东京站的铁道还没建好，东京尚存在新桥和上野等多个中心站点）。

至此，1872年设立的目标，仅用了不到30年，就基本达成了。

和辻哲郎的回忆

哥伦比亚大学教授卡罗尔·格鲁克（Carol Gluck, 1941—　）在《日本近代神话：明治后期的意识形态》（Princeton University Press, 1985）中，探讨了明治末期日本社会的统治形式。她在书中把天皇和铁道作为日本近代的两个象征，这样写道：

> 明治时期流传颇广的绘画中，天皇和机关车（火车头），这两个广为人知的形象逐渐成为"文明"的象征。二者都伴随"进步"出现，即便它们在为"进步"牺牲之时也未改变。天皇和机关车，也为近代国家的形成和社会统一做出了贡献。明治初期，年轻的天皇乘坐龙辇到地方巡视，火车是只在木版印刷上出现的特殊"陆地蒸汽车"。到了明治末期，火车运行至边远地区，变成了日常生活可以接触到的交通工具。但

另一方面，一般群众无法见到天皇本人。天皇的形象脱离了现实世界，被夸大了。

短时期内，再没有比这两个象征更能代表日本近代之特征的事物出现了。（第101页）

诚如格鲁克所言，日本铁道"到了明治末期"，"火车运行至边远地区，变成了日常生活可以接触到的交通工具"。铁道和天皇，二者一起成为"文明"和"进步"的象征。从东京到全国各地，地域差异被消除，促进了"近代国家的形成和社会统一"。铁道和天皇不仅在日本国内，甚至远至殖民地，成为象征。

如果站在地方的角度重新考虑上述问题，作为国家权力中心的东京象征的就是"文明"和"进步"，而作为东京象征的则是"铁道"。铁道延伸到周边"落后"地区，地方脱离了本身的固有性和封闭性，与别的地方相连，焕发出新的生机。比如，和辻哲郎（1889—1960）晚年著有《自传的尝试》，书中回忆了他少年时期生活的兵库县神崎郡砥堀村（现姬路市）开通铁道时的场景。这条铁道就是连通姬路和生野的播但铁道（《铁道国有法》制定后被收购，成为国铁播但线，现JR播但线）。

那并不是我第一次见到火车。我第一次见到火车的场景已经记不清了。奇怪的是，我却记住了那个时候的事。原来

重点不是火车，而是火车"通过了我们的村庄"。这让我觉得
兴致昂扬。这件事，我绝对不会记错。[1]

　　和辻所谓"兴致昂扬"的真正原因是：火车开通，让这里
"在事实层面和象征层面都确立了与外部世界的联系"。他看出
"车窗透出光亮的列车渐行渐远"这一场景，无疑"强烈暗示着外
部世界"。这个"外部世界"的中心，毫无疑问是东京。

作为媒体的铁道

　　和辻关于铁道的回忆，让人想起夏目漱石（1867—1916）小
说《三四郎》开头那段有名的进京描写。小说连载时期，正是20
世纪10年代 —— 播但铁道改为播但线之时。社会学家若林干夫在
《炎热都市、寒冷都市》中，用社会学术语对同样的场景做了如下
表述：

　　　　随着近代国家的形成铺设而成的铁道，是中央集权化的
　　媒介。铁道有"上行"（up）和"下行"（down）之分，上行
　　的目的地是大城市和首都等。除此之外，一些地方原本并没

---

[1]　《和辻哲郎全集》第18卷（岩波书店，1963），第177页。

有城市，但火车作为让其与外部世界相连的场所，催生了城市。铁道使偏远地区和外部世界连接了起来。铁道把传统社会模式下的"此时、此地"，和外部的"近代、都市"相连接。由于连接了偏远地区和大都市，所以成功将偏远地区纳入国际、国家所构建的社会体系之中。[1]

这里所说的"媒介"，指若林提出的"改变人类行为和经验构造的技术装置"[2]。根据若林引用的沃尔夫冈·希弗尔布施（Wolfgang Schivelbusch，1941—　）《铁道之旅：19世纪空间与时间的工业化》（加藤二郎译，法政大学出版社，1982）[3]所述，铁道作为一种媒介被世人所知，这种现象绝不仅仅局限在日本。在铁道发达的欧洲诸国，因铁道产生的"时间和空间的消失"，造成国家内部各地方和各城市逐渐向首都靠拢。这个观念，被19世纪的学者和记者广泛接受。[4]

如此看来，和辻的铁道观，很早就在铁道发达的欧洲被提出。可以说，这是一种被世界各国普遍认同的观点。但近代日本的铁

---

[1]　若林干夫《炎热都市、寒冷都市》（弘文堂，1992），第211页。

[2]　若林干夫《空间、近代、都市》（吉见俊哉编《21世纪都市社会学4：都市空间、都市身体》[劲草书房，1996]，第24页）。

[3]　本书已出版中文版。金毅译，世纪文景·上海人民出版社，2018。——编注

[4]　若林干夫《炎热都市、寒冷都市》，第210页。

道，真的都以东京为中心，去东京称之为"上行"，离开东京称之
为"下行"，成为"中央集权化的媒介"了吗？让我们把视点从地
方转向中央：天皇、皇后、皇太子乘坐的御召列车，真的只要有
铁道，就能从东京到达任何地方吗？

国铁与私铁

日本的铁道，大多以官办铁道为主，轨道宽度的统一规格为
1067毫米。私营铁道，因线路扩张，总长度在某个时期一度超过
了官办铁道。但私铁和国铁一样，也按着同样的规格铺设。1906
年（明治三十九年），《铁道国有法》颁布，大部分私铁都被政府
收购了。这一时期，日本国内约九成铁道成为国铁。和辻少年时
代所见的播但铁道，就是其中之一。但是，如果细考当时的铁道，
可以发现，并非所有私铁都被官方买断了。

《铁道国有法》第一条规定，"一般运输用铁道总归国有，但
不包括以一地方交通为目的之铁道"[1]。"以一地方交通为目的之铁
道"被从国有化的对象里去除了。因此，在当时已经成立的私铁
公司中，连接难波与和歌山的南海铁道（现南海电气铁道）、连接
品川和神奈川的京滨电气铁道（现京滨急行电铁）、连接大阪出入

---

[1]　《明治法令全书》第39卷之2（原书房，1988），第20页，"明治三十九年九月"条。

桥和神户三宫的阪神电气铁道等，作为私铁得以存续。

　　严格说来，多数免于被收购的私铁，并不是1887年（明治二十年）颁布的《私营铁道条例》（1900年［明治三十三年］修订后改名为《私营铁道法》）中承认的私营铁道（1919年［大正八年］开始施行的《地方铁道法》，将私营铁道更名为地方铁道），而是1890年（明治二十三年）颁布的《轨道条例》中认可的"轨道"。所谓"轨道"，指"不使用专用铁轨、单纯铺设在路面的轨道"。其中，尤以大都市及其近郊最为发达。例如，京滨电气铁道、阪神电气铁道、京都市内运行的京都电气铁道、东京市内运行的东京电车铁道等私铁及大阪市电等私铁之外的公共轨道都属于这一范畴。在《铁道国有法》制定之前，这些列车一直正常运行。

　　《铁道国有法》制定后，从明治末期到大正初期，在大阪和东京周边，轨道交通相继开通。主要轨道的开通顺序如下：连接大阪梅田（现大阪梅田站）、箕面以及宝冢的箕面有马电气轨道（现阪急电铁），连接大阪天满桥和京都五条的京阪电气铁道，连接大阪惠美须町和堺市滨寺公园的阪堺电气铁道，连接新宿追分（与现在的新宿站不同）和府中的京王电气铁道（现京王电铁），连接大阪上本町（现大阪上本町站）和奈良的大阪电气轨道（大轨，现近畿日本铁道）。这些铁道非但没有被官方买断，反而发展至今，成了有名的私铁。

　　上述轨道，包括之前开通的京滨电气铁道和阪神电气铁道，都不是在大阪和东京市内运行的私铁，而是连接城市与城市、城市与郊外的私铁。这些延长的轨道，在开通之初，不过数十公里，和遍布全国的国铁相比，不值一提。但是，和非电气化区间占绝大多数的国铁不同，这些轨道实现了全线电气化。而且，和国铁的站台不同，这些私铁自开通时，就建成了独立的终点站。轨道宽度也比国铁的1067毫米宽。这意味着，从东京出发的国铁，无法直接进入这些轨道行驶。

到了大正时期，作为道路附属交通工具被建成的轨道，比私营铁道（地方铁道）更不受政府重视。不过，与政府的轻视相反，轨道作为真正的交通运输工具发展了起来，在某些区间的运输能力甚至超过国铁。需要注意的是，这个区间不在东京或其近郊，而是集中在以大阪为中心的关西地区（大阪、京都、兵库、奈良、和歌山二府三县）。

"帝国"和"王国"

本书把成立于大正末期的关西地区各个私铁及沿线周围形成的生活文化圈，统称为"私铁王国"[1]。

---

[1]　将发达的关西私营铁道形容为"私铁王国"（私营铁道王国），这当然不是第一次。藤田实《关西私营铁道王国私观》（《大阪春秋》第69号，1992）中认为：与从东京附近通勤的人主要使用东京"国铁"交通体系的状况相比，（转下页）

《广辞苑》中对于"王国"这个词的定义为：

    1. 把国王当作统治者的国家；

    2. 一股强大的势力。

此处，"王国"更接近第二个定义。因此可以把"私铁王国"定义为：没有国王这样的统治者，也不像国家那样完全独立于他者，而是一股由作为整体的私铁形成的强大社会势力。

进一步说，"私铁王国"是和"帝国"相对的概念。

此处所言"帝国"，是指以"帝都"东京为中心的国家范围，也指前文所述"以东京为中心，铺设至全国各处的铁道网"，也可指"天皇、皇后、皇太子从东京出发乘坐火车，在国铁的轨道上

（接上页）大阪的私营铁道绝对不是对国铁的补充。在这里，国铁反而是对私营铁道的补充。各私营铁道公司，就像独立的王国一样，与国铁完全无关，作为主体在沿线世界展开了自己独特的交通和文化秩序。而且，这些私营铁道各王国的文化，又相互完美地交错在一起，形成了大阪乃至关西文化的宇宙。与此相对，在这里，国铁几乎没有任何作用和贡献。为这个事实而感到惊讶的非关西人，不就像文化人类学者遇到未知的世界一样，吵吵嚷嚷地说："这才是私营铁道王国吗？"（第74页）只是在这篇文章中，将各关西私营铁道视为"独立的王国"，整体视为"私营铁道诸王国"，而本书将关西私营铁道总体上称为"私营铁道王国"，仅此不同。即使"私营铁道王国"一词源于战后关西地区国铁与私营铁道发展的偏差，本书所称的"私营铁道王国"依然可以追溯到大正时期，从这个意义上来说，它可以被当作历史概念使用。

行驶"这一事件。从北海道到九州，所有的铁道都直达东京，[1]所有的铁道也都以东京为准绳分成了"上行"和"下行"，这点全国统一。"序章"中所叙述的昭和大礼景观，正是这种"帝国"秩序的视觉表现。

与此相对，在东京看来，"私铁王国"不过是一个地方性的存在，它在空间上确实属于"帝国"内部，但并没有完全被"帝国"遮蔽，而是保持了一定的独立性。

"私铁王国"与"帝国"不同，不是所有的轨道都以东京为中心铺设。因而，国铁的规定，原则上并不适用于私铁。天皇、皇后、皇太子乘坐的火车，也不能直接进入私铁轨道。因此，像昭和大礼这样的景观，想在"私铁王国"里上演，从原理上来说是不可能的。

昭和大礼与"私铁王国"

1928年（昭和三年）11月，昭和大礼举行。大阪在人口、面积上都超过了东京，成为日本第一大都市。同时，它在经济上也超过了东京，成为日本经济中心。这种情况，从《昭和大阪市史》

---

[1]　当然，本州和北海道、九州、四国之间，因为分别用铁道联络船连接，严格来说并不是一条线。但是北海道、九州、四国的国铁，从以铁道、联络船为媒介与东京连接的意义上来看，依然可以称为一条线。

的记述中，可见一斑。

> 大阪在（引者注：第一次）世界大战之后迅猛发展，经济实力赶超东京，致使大阪被日本人戏称为"国家命脉"。若东京为政治之都，大阪则为产业之城，它当之无愧是日本的产业中心。昭和元年，全国工业生产总值（统计范围为拥有5人以上员工的工厂）为71.54亿日元。大阪为8.96亿日元，约占全国的12%。大阪的支柱产业为纺织业和金属业。东京市的产额仅占全国的5.12%，大阪占据着绝对的优势地位。（《昭和大阪市史》，第14—15页）

这里所说的"产业"，不仅包括纺织业和金属业，也包含私铁。大阪直到昭和初期，都是关西地区"私铁王国"的中心。

天皇参拜神武天皇陵和伏见桃山陵时，乘坐的是奈良线京都—稻荷间及桃山—宇治间。同时，在天满桥建立终点站的京阪电气铁道本线和宇治支线也在其间行驶。在大礼举行的11月，奈良线的所有区间都平行运行。奈良电气铁道（现近铁京都线）在大轨西大寺（现大和西大寺）新开通了和大阪电气轨道相接的线路。神武天皇陵旁，与国铁的樱井线不同，以大阪、上本町为终点站的大阪电气轨道樱井线和亩傍线，火车依旧川流不息。

这些私铁的轨道，无一通往东京。在御召列车行驶的沿线聚集的百万群众的共时体验，也和柳田国男在铁道论里提出的"公民生活的一部分"无缘。昭和大礼进行之时，天皇搭乘的火车，从"私铁王国"东部边缘，飞驰而过。[1]

2. 由《细雪》说起

莳冈幸子眼中的涩谷

作家谷崎润一郎（1886—1965）出身于东京，昭和初期在大阪、神户一带居住。他的长篇小说《细雪》中有一位女性人物，名为莳冈幸子。莳冈家有4个女儿，幸子排行第二。她住在阪神急行电铁（现阪急电铁）神户线芦屋川站附近。1938年（昭和

---

[1] 但是，在"帝国"和"私铁王国"有所接触的部分地区，则以前者为优先。京阪电气铁道，为了防止御召列车在奈良线行驶期间有人从并行行驶在东福寺、稻荷、黄檗附近的电车的窗户直接看到天皇，在该列车通过的5分钟前，将附近行驶的电车停靠在了"住宅等其他遮挡物的位置"。除了采取"优先御召列车通过，然后逐渐放开电车运行"的措施外（《昭和大礼京都府记录》下卷［京都府，1929］，第401页），大阪电气轨道还规定从天皇走下宙傍站去神武天皇陵参拜的中途，即横穿宙傍线的轨道才开始行车。从那天上午9点30分开始，大轨八木一橿原间不仅停运了神宫前诸站的列车，还停止了供电（《大阪朝日新闻》大和版，1928年［昭和三年］11月20日）。

十三年）8月，幸子和妹妹、女儿一起，前往东京涩谷，探望姐姐一家。

这次东京之行，和幸子之前的经历不同。从火车车窗向外望，可以看到象征着"帝都威容"的"高架电车线两侧的高层建筑"。幸子认为大阪"无论如何也赶不上东京"。但是，能让她产生这种敬畏感的，只限于东京的一小部分地区。"老实说，她并不怎么喜欢东京。"[1]她的这种心情，可以从书中对芦屋川和涩谷的比较窥知一二。

> 今天她经青山大街向涩谷驶去的途中，尽管是夏日的傍晚，却感到有一股寒意，仿佛来到了一个遥远、陌生的国度。她记不清自己以前来东京时是否到过这里，但眼前的街景与京都、大阪和神户大不相同，仿佛来到了东京以北的地方，例如北海道或者满洲那些新开辟的地方。虽说是郊区，但这一带已属大东京的一部分，从涩谷车站到道玄坂两侧，店铺鳞次栉比，形成了一个繁华的商业区。然而，幸子总觉得这里不够湿润，不知何故，路上行人的脸色看上去都显得苍白冰冷。幸子不禁想起自己住的芦屋，那儿的天空明澈，土地

---

[1]　谷崎润一郎《细雪》中卷（新潮社，1968年），第115页。

秀朗，空气柔润。[1]

涩谷原为丰多摩郡涩谷町，直到1932年（昭和七年）才和东京市周边的村町合并，成为涩谷区。东京也由此成了"大东京"市，面积、人口再次超过大阪。1938年，幸子进京，涩谷站除了国铁山手线，还有横滨电铁（涩谷—樱木町，现东急东横线）、帝都电铁（涩谷—吉祥寺，现京王井之头线）、玉川电气铁道（涩谷—沟谷、下高井户，同年4月与东京横滨电铁合并，现东急田园都市线）这3家私铁及其他东京市电。这一年12月，连接涩谷和新桥的东京高速铁道（现东京地铁银座线）也开通了。

前章已经说过，关东私铁的发展比关西私铁滞后。但到这个时期，东京周边也形成了和今天规模相同的铁道网。1934年（昭和九年）11月，东京横滨电铁经营的东横百货商店（后称东急百货东横店）在车站附近开业。此时的涩谷，已经不输新宿和池袋，俨然成了西东京的主要车站。

但是幸子所看到的涩谷，无论表面如何繁华便利，却还是和自己生活的关西地区有所不同。它像"一个遥远、陌生的国度"，而且"不够湿润"，"仿佛来到了东京以北的地方，例如北海道或

---

[1]　谷崎润一郎《细雪》中卷，第116页。——原注（本段译文参考周逸之译《细雪》[译林出版社，2021]，第226页。——译注）

者满洲那些新开辟的地方"。

"郊外乌托邦" —— 芦屋川

那么，究竟是什么造成了幸子的这种看法？我们当然可以认为，这只不过是幸子这个小说中的虚构人物的主观想法。从小说情节发展来看，幸子必然会产生这种想法。一部小说，不必较真。但是，如果换个角度，若幸子没有居住在东海道本线的芦屋，而是在阪急神户线的芦屋川安家，似乎就有一些问题了。

当时的阪急神户线，连通大阪梅田和神户（和国铁神户站不同）。阪急作为仅次于连接梅田和宝冢的宝冢线铁道，于1920年（大正九年）正式开通。神户线开通之时，在阪神间运行的列车，除了东海道本线之外，还有阪神电气铁道。阪急神户线行驶路段，接近六甲山山体一侧。此次开通，是形成阪急沿线社会影响力的划时代事件。以下两篇文章不惜笔墨，对此进行了详细描述。

铁道建成后，阪神间依山而建的郊外地区，摇身一变，成了时髦的住宅街。之前的景色，也随之焕然一新。过去不过是风化了的花岗岩形成的山麓旁，一个新的郊外乌托邦诞生了。（津金泽聪广《宝冢战略》[讲谈社现代新书，1991]，第121—122页）

从大正时期开始建造的（引者注：六甲山的）住宅地和掠过山麓的电车交相辉映。在大阪—神户间行驶的这趟列车，试运行用时42分钟（引自《大阪每日新闻》），14年后仅需25分钟。电车车厢颜色统一，为小豆色（阪急称这个颜色为暗栗色[1]），从绵长而立体的绿色休息场地驶过。这种场景，是日本未曾有过的、甚至不知该如何命名的、仿佛飘在天空的人间仙境。（阪田宽夫《我们的小林一三》[河出文库，1991]，第135—136页）

阪急神户线在六甲山东西方向一带，创建了"日本未曾有过的、甚至不知该如何命名的、仿佛飘在天空的人间仙境"的"新郊外乌托邦"。那里有幸子脑海里浮现的"天空明澈，土地秀朗，空气柔润"。芦屋川和并行的国铁以及阪神沿线完全不同，形成了具有独特风格的世界。芦屋川正位于这个世界的中心。1910年（明治四十三年），箕面有马电气轨道开通，阪急的历史发生了变化。郊外多数土地被作为住宅地开发，形成了包含妇女、儿童在内的"中产阶级乌托邦"。[2]这在神户线沿线也能感受到。有关此

---

[1]　日文原文"小豆色"为"小豆色"，"暗栗色"为"マルーン"（Maroon）。——译注

[2]　吉见俊哉《大正时期媒体活动的形成与中产阶级郊外乌托邦》（《东京大学新闻研究所纪要》41号，1990，第141页）。

乌托邦的具体内容，将在后文论述。

　　涩谷的情况又如何？如前所述，涩谷聚集了国铁山手线、性格迥异的3家私铁、市电以及地铁。因此，它无法像国铁芦屋和阪急芦屋川，或是国铁大阪和阪急梅田那样，明确划分"官"和"民"的界限。私铁终点站扎堆聚集在同一个车站，非常局促。更有甚者，如东京横滨电铁的站台，横跨在路面运行的玉川电气铁道的轨道之上。此处，多条轨道互相交错，杂乱无章。各家私铁，也无法确保各自的独立领域。[1]这些后来入驻的私铁终点站，倒似成了原本就在此地的山手线的附属物。

　　其实，不该拿涩谷跟芦屋川比较，该拿来比较的是田园调布一带。因为它和芦屋川一样，都在郊外。或许，幸子应该搭乘从涩谷发往樱木町的东京横滨电铁，将阪急神户线沿线与田园调布所在的东京横滨电铁沿线作比较。即便如此，1927年（昭和二年）开通的东京横滨电铁沿线，也远远不及整齐划一的阪急神户线，尚不能称为"中产阶级乌托邦"。像田园调布那样带有规划性质的住宅，只是极少一部分。除了住宅，幸子如果看到了杂乱交错的京滨工业带的工厂和小卖部，或许也会产生类似的想法。[2]

---

[1]　加藤新一《东京急行电铁——战前"东急"的事业展开与涩谷"综合车站"的形成》（青木荣一等编《民铁经营的历史与文化》东日本篇［古今书院，1992］，第52—53页）。

[2]　东京横滨电铁的后身东京急行电铁于1984年开通的田园都市线的（转下页）

谷崎润一郎文章中对蒔冈幸子的心理描写，揭示了关西私铁和关东私铁本质上的不同。二者的差异不仅存在于战前，至今依然显而易见。下文先以幸子搭乘的阪急神户线始发站大阪梅田为切入点，分析个中差异。

阪急大阪梅田终点站

阪神急行电铁，现已更名为阪急电铁，梅田也在2019年（令和元年）更名为大阪梅田。但只变更了站名，位置还和原来一样。住在阪急沿线的读者，对于这个地区，可能已经相当熟悉了。不过为了便于叙述，下文将简单描述此终点站。

终点站入口，可见1929年（昭和四年）建成的阪急百货商店梅田本店。之前的一楼和二楼，为圆形穹顶，并有大型枝形吊灯悬挂在室内。2012年（平成二十四年），停车场、办公楼等设施也相继落成，令这里变为复合型租借建筑"阪急大楼"（阪急32番街）。经过改建，旧中央大厅被拆除，新建了南北向的新中央大厅。这里原本是地上站台式阪急梅田站的一部分。一直到1971年

（接上页）沟口—中央林间，吸取了先前"郊外乌托邦"地带几乎只停留在田园调布周边的东京横滨电铁的教训，抢购了该区间沿线原丘陵地的很多土地，将住宅区全部承包出去。这整个区域有可能被建设成名为"多摩田园都市"的另一个"中产阶级乌托邦"。

（昭和四十六年），京都线站台移到了现在的高架站台为止，一直在使用旧大厅。

从南北大厅，笔直延伸出游步道和两列人行道。进入人行道，穿过JR高架桥，乘坐和人行道相接的电梯，可以到达"阪急终点站大楼"（阪急17番街）3楼。此时，大阪梅田终点站赫然耸立在眼前。视野突然开阔，41个自动检票口整齐排列，对面是显示各个班次的目的地、种类、发车时间、停车站台等信息的电子屏幕。被称为"终端式站台"的梳子形月台和轨道，一直延伸到车站内部。

特快、快速和普通电车等都被涂成小豆色，这是阪急成立以来一直沿用的颜色。一批乘客下车，另一批乘客又马上涌入电车。这充满活力的景象，不正象征着从战前延续至今的"私铁王国"大阪的盛况吗？

日本最大

梅田站可以搭乘阪急的3条干线。首先是最右边，从1号线（阪急不把站台称为"……番线"，而称为"……号线"）到3号线，是连接大阪梅田和京都河原町的京都线站台。京都线最初由另一家名为新京阪铁道的公司运营，不久改名为京阪电气铁道，后又被并入阪急。

接下来，正中央的4号线到6号线，是连接大阪梅田和宝冢的宝冢线站台。宝冢线是阪急成立伊始就存在的线路，是3条主要干线里历史最悠久的一条。最后，左侧的7号线到9号线，是连接大阪梅田和神户三宫的神户线站台。神户线是1920年（大正九年）开始运行的轨道，现有特快可经神户高速铁道直达最近新开发的神户市兵库区。

9条轨道，加上下车的专用站台，共计10个站台。此等规模的终点站，为私铁之最。或许也可以这样说，终点站字面意思为"末端"。作为新干线及中央线、京叶线始发站的JR东京站，实际上是山手线、京滨东北线、横须贺线、总武急行线、上野东京线的中转站。这和伦敦、巴黎等城市终点站只作为纯粹终点站使用的方式不同。[1]准确地说，能称得上JR终点站的站台为数不多，比如JR北海道函馆和JR九州司门港。但这些车站的规模，都不及阪急的大阪梅田。因此，阪急的大阪梅田，称得上是日本最大的终点站。

大阪梅田车站每天的来往客流约为50.9万人（2018年每日平

---

[1]　国铁车站原本也和欧洲一样，有很多终点站。1905年的饭田町、1914年的新桥、1914年至1925年的东京、1932年的两国桥（现两国）等，都属于此类。但是，这些车站由于新线的开通，变成了中转站和货物站，失去了终点站的功能。关于欧洲的终点站，请参照三上祐三《终点站的魅力》（《SD》344号，1993）和片木笃《车站》（《SD》347号，1993）。

均量）。这个数字虽然不是日本全国私铁第一，但在关西私铁之中，依旧拔得头筹，约占阪急总客流的19%。

虽然大阪梅田站规模庞大，但这并不是能将阪急大阪梅田终点站和东京周边的私铁终点站区分开来的缘由。二者之间最大的不同是，大阪梅田从JR站独立出来，拥有了独立的占地区域。基于此，下文将着眼关东私铁的终点站进行论述。

3. 关东私铁和关西私铁

从属关系 —— 关东私铁终点站

关东私铁的主要终点站是池袋、新宿、涩谷、品川。其中，在战后的涩谷站，东京横滨电铁改为东急电铁东横线，帝都电铁改为京王电铁井之头线。玉川电气铁道先是编入东京横滨电铁，后又编入东京急行电铁成为东急玉川线。它在1969年（昭和四十四年）停运，1997年又以地铁东急玉川线的身份再次投入使用，现为东急田园都市线的一部分。虽多次变更，但这些终点站始终没有独立站台，全都使用山手线站台。关东私铁从属于国铁的关系，并没有改变。

池袋、新宿等别的私铁终点站也如此。池袋是西武铁道池袋线、秩父线（池袋—西武秩父）、东武铁道东上线（池袋—寄居）的终点站。新宿是京王电铁京王线（新宿—京王八王子）、小田急电铁小田原线（新宿—小田原）的终点站。品川是京滨急行电铁本线、久里滨线（品川—浦贺、三崎口）的终点站。虽然当初有和国铁站台不同的终点站，但都是在山手线开通之后才建成。之后，包括京急和京王，都变成了在品川和新宿可以直接换乘国铁的线路。从这点来说，品川私铁站台也和别的地方大同小异。

因此，这些终点站的站名，也和山手线完全一样。虽然其中也有京成电铁本线（京成上野—成田空港）的京成上野、西武新宿线（西武新宿—本川越）的西武新宿，在离山手线有一定距离的地方建成了站台，借用公司名称以寻求差异化，但"上野""新宿"这些字眼，依然来源于山手线的站台名称。

从郊外进入的大部分私铁，包括其轨道，都在和山手线铁轨相接的地方转弯，与山手线并行；或者通过高架桥越过山手线，驶入其下方，再转弯接近这些轨道，和同线的站台并排建造了终点站。不论是东武、西武的池袋，还是京王、小田急的新宿，私铁站台都借用了JR站台的一部分。东急和京王的涩谷也是同样，无法完全保持终点站的独立性。

关东地区，为了优先保证东京地铁（东京Metro）和都营地铁的运行，也有京成电铁押上线（押上—青砥）、东急东横线、东急田园都市线等私铁和地铁使用同一个站台或列车，没有独立终点站的情况。东武伊势崎线、日光线（浅草—伊势崎、东武日光）的浅草，京成本线的京成上野，看似有和JR不同的终点站，但从北千住、曳舟、日暮里或者青砥分流向东京都中心行驶的途中，多数乘客都会换乘JR或者东京地铁等，所以称不上是完全的中心车站。

公司"颜面"——关西私铁终点站

和东京相比，阪急大阪梅田就是另一幅景象了。距离大阪梅田两站之遥（京都线仅一站）的十三，有3段线路的6条轨道汇合。列车穿过新淀川的铁桥向右转弯，并不是为了和JR轨道并行，反而是为了和这条线路相交。从巍然耸立的终点站可以看出，这里和JR大阪站明确地区分了开来。终点站的名称为"大阪梅田"（2019年前为"梅田"），而不是"大阪"。

阪急大阪梅田终点站，历史悠久。其前身可以追溯到1910年（明治四十三年）开通的箕面有马电气轨道。1925年（大正十四年），梅田与十三之间有多条轨道建成，宝冢线和神户线开始分离运行。1929年（昭和四年），毗邻梅田站，地上8层、地下2层的阪急百货商店正式竣工，为现在的阪神梅田本店原型。蒔冈幸子在芦川屋居住之时，阪急梅田已经是拥有8条线路和7个站台的大型终点站了。[1]到了战后，此处就也能搭乘京都线了。虽然从面向百货商店的国铁南侧移到了北侧，但是阪急一直以来都非常重视这个终点站，从成立之初，就把它当作公司的"颜面"看待。

而且，并不是只有阪急一家公司，重视作为公司"颜面"的终点站。别的关西私铁，也或多或少有此想法，也都尽力把站台建在JR站之外。

以大阪、天王寺命名的车站

关西私铁的主要终点站，除了阪急的大阪梅田，还有阪神电气铁道（大阪梅田—神户三宫）的大阪梅田，京阪电气铁道（淀屋桥—出町柳）的淀屋桥，近畿日本铁道的难波、奈良线（大阪难波—近铁奈良）共用的大阪难波，大阪、山田线（大阪上本町—宇治山田）共用的大阪上本町，南大阪、吉野线（大阪阿部野桥—吉野）共用的大阪阿部野桥，南海电气铁道南海本线、机场线、高野线（难波—和歌山市、关西机场、极乐桥）的难波等。这些终点站都建在JR站之外。

其中，阪神的大阪梅田、南海的难波、近铁的大阪上本町，都已运营多年，拥有不亚于阪急大阪梅田站的气派终点站。京阪

---

[1]　高山礼藏《私铁终点站概史 —— 关西篇》（《铁道画报》463号，1986，第50页）。

在战前建在天满桥的终点站，战后转移到了淀屋桥。近铁难波、奈良线的终点站，战前为上本町，战后转移到难波。无论哪家私铁，自始至终，都非常重视终点站的建设。

实际上，阪急、阪神的大阪梅田，最初离JR大阪站都不远。近铁南大阪、吉野线的大阪阿部野桥，与JR天王寺站仅一街之隔，但站名却完全不同。关西本线终点站JR难波，原称凑町，1994年9月改为现名并沿用至今。这种JR迁就私铁更名的例子，很少见。

实际上，大阪市中心，也有比山手线小一圈的大阪环状线。沿线也有京桥、新今宫、鹤桥、西九条等可以换乘私铁的站台。但是，这些站台都是私铁的中间站，并不是终点站。京桥、新今宫，就连西九条，也是在战后才成为中转站。以大阪、天王寺命名的车站，在JR里有，私铁却没有。

换乘JR

JR的换乘也是如此。除了上文举出的终点站外，关东私铁有很多车站能换乘JR。比如，东武的北千住、川越等17个站台，东急的横滨、武藏小杉等10个站台都和JR相连。列车即将进站之时，车内会广播JR换乘信息。沿途各站，不仅贩卖换乘JR的车票，有时还会打折。与JR换乘的站台，同样也是各个私铁特快和快速的停车站。

与此相对，关西私铁可换乘JR的站台就少了很多。阪急轨道全长143.6公里，却没有一个车站能换乘JR。阪神只有西九条这一站能换乘JR，京阪有京桥、东福寺两站可以换乘（而且都是战后才开始的，战前则完全不能换乘）。

阪急的大阪梅田、宝冢、神户三宫分别和JR的大阪、宝冢、三之宫站相邻，因此也不能说完全不能和JR换乘。不过，阪急似乎并不这么认为。因为阪急车内，从不广播JR的换乘信息。阪急的大阪梅田终点站和JR的大阪站之间，有一座天桥。但这个天桥，不说关东常见的人行道，甚至连遮风挡雨的顶棚都没架。

车票也同样如此。阪急等关西私铁各个车站，不销售换乘JR的车票。1996年（平成八年），阪急、阪神等3家私铁公司，联合大阪市交通局，开始销售“畅行KANSAI”[1]交通卡。有了这个交通卡[2]，无须再次购买车票，就可以乘坐私铁和地铁。现在“畅行KANSAI”卡已被一种叫“PiTaPa”的IC卡取代，“PiTaPa”卡不仅可以乘坐私铁和地铁，还可以搭乘JR。但是“畅行KANSAI”发售之时，并没有考虑要从私铁、地铁换乘到JR的情况。

---

[1]　KANSAI为“关西”的罗马字标识。——译注

[2]　原文为ストアードフェア・システム（stored fare system），意为可通过现金或信用卡充值的系统，多用于交通卡。——译注

相互过轨和轨道规格的不同

关西私铁和关东私铁，关于相互过轨的看法，大相径庭。关东私铁对包括JR在内的不同公司之间的相互过轨，持积极态度。小田急小田原线本厚木和常盘线取手之间，有私铁、东京地铁、JR这3家公司互相过轨的区间。即使没有终点站，关东私铁也会想方设法，让乘客不用换乘，直抵东京。

关西私铁相互过轨，则只是极少一部分，因此终点站的主导地位没有受到威胁。阪神、阪急的乘客前往难波，或者反方向，南海、近铁的乘客去梅田，都必须先在终点站下车，再换乘大阪市高速电气铁道（大阪地铁）御堂筋线（江坂—中百舌鸟）。这对坐惯了关东私铁的乘客来说，或许会有些不便。不光如此，关西私铁的过轨区间，只存在于和别的私铁以及地铁之间，没有一个路段与JR过轨。

神户高速铁道（三宫、元町—西代、新开地—凑川）能很好地说明关西地区相互过轨的特征。这家私铁公司是由神户市和阪急、阪神、山阳电铁（西代—山阳姬路等）、神户电铁（凑川—三田等）共同出资开办的第三方公司，没有一辆自营列车。阪急、阪神先与神户高速铁道、山阳电铁过轨，随后又联合各私铁公司，积极与JR抗衡。1997年3月，JR东西线京桥—尼崎间开通，JR各条线路之间可以相互过轨，与私铁则不可。这种站台，在关东地区绝无仅有。

产生差异的原因在于轨道宽度。关东的私铁，除了新干线以外，都采用和JR相同的窄轨，也就是1067毫米宽的轨道。为什么这种轨道宽度叫窄轨，将在下章说明。具体说来，东武、西武、小田急、东急、京王井之头线、相铁、伊豆急行（伊东—伊豆急下田）及伊豆箱根铁道（小田原—大雄山、三岛—修缮寺）等，都采用了这种轨道宽度。顺便一提，银座线（涩谷—浅草）、丸之内线（池袋—荻洼站、方南町）之外的东京地铁，以及都营地铁三田线（目黑—西高岛平），也使用这个轨道宽度。

因此，关东地区，包括JR在内的各个铁道之间，比较容易实现相互过轨。只有京急、京成、新京成电铁（松户—京成津田沼）、东京地铁银座线、丸之内线、都营地铁浅草线（押上—西马込）、大江户线（都厅前—光之丘），和新干线一样采用了1435毫米的国际标准轨。京王电铁京王线、相模原线（调布—桥本）、高尾线（北野—高尾山口）、都营地铁新宿线（新宿—本八幡），沿用了和马车铁道相同的1373毫米轨道。

而在关西地区，只有南海和近铁南大阪、吉野线等极少一部分铁道采用了和JR相同的1067毫米窄轨。余下的皆为1435毫米标准轨。具体来说，除去阪急、阪神、京阪、南大阪吉野线的近铁、神户高速铁道、山阳电铁、北大阪急行（江坂—千里中央）、能势电铁（川西能势口—妙见口、日生中央）、大阪市高速电气轨道（大阪地铁）外，京都、神户各市营地铁也都采用了标准轨。因此从物理上看，关西私铁同JR的过轨也无法实现。

东京铁道网的形成过程

究竟是什么原因，导致了关东私铁和关西私铁的不同？现在我们把视点转移到过去，比较东京和大阪各自铁道网的形成过程。

到明治末期为止，东京开通的线路有：东海道本线、横须贺线、东北本线、常盘线、中央线、山手线、总武本线等。这些线路也已成为如今的JR干线。其中，东海道本线和横须贺线最初为官办铁道，其余皆为私营铁道。

也就是说，日本铁道拥有的山手线，原本并非环状。山手线最初不过是一条绕行线路。它是由以上野为起点的东北本线和常盘线，以及东京以西的品川和赤羽连接而成的。同样，甲武铁道拥有的中央线，以新宿（后为饭田町）为起点。总武铁道所有的总武本线，以两国桥（现两国）为起点。1960年，随着《铁道国有法》的制定，上述私铁全部被官方买断，成为国铁。

关东私铁真正发展起来是在昭和初期之后。主要终点站，除了大正时期建成的东武东上线、武藏野铁道（现西武池袋线）的池袋和蒲田电铁（现东急目黑线）的目黑，其余都作为山手线站台的附属建成。

按时间顺序来看，1927年（昭和二年）4月，小田急在新宿建成终点站。8月，东京横滨电铁在涩谷建成终点站。1928年，西武在高田马场建成终点站。1931年，京成在日暮里建成终点站。1933年3月，京滨电铁（现京急本线）把站台从之前的高轮移到了品川站。同年8月，帝都电铁（现京王井之头线）在涩谷建成终点站。1945年，以四谷新宿（现在的新宿追分）为起点的京王，也把终点站移到了新宿。

这些私铁的终点站，都建成于1925年（大正十四年）上野—神田间高架电车线开通、山手线开始环状运行之后。值得注意的是，这些轨道并没有进入环绕东京中心的山手线内部。[1]

"万里长城"—— 山手线

山手线的环状运行，基于把宫城（皇居）当作东京的中心这

---

[1]　不过，昭和初期，以京滨电气铁道为首，私铁曾计划直通山手线内侧的市中心区域。通过与东京地铁共同出资在新桥—品川间建立地铁，并与现在的地铁银座线相互换乘，西武铁道取得了延长从高田马场到早稻田间轨道、武藏野铁道取得了延长池袋—杂司谷间轨道的许可。但是，这些计划都没有实现就结束了。对于此，请参考以下论文：小风秀雅《京滨急行电铁——战前城市纵贯计划及其挫折》（《民铁经营的历史与文化》东日本篇，第103—104页）、原田胜正《东京的市区扩大与铁道网（2）》（原田胜正、盐崎文雄编《东京关东大地震前后》［日本经济评论社，1997］，第51—52页）。

一新观点。现在人们普遍认为，宫城是东京中心，山手线环绕四周。这种看法，其实直到昭和初期才流行起来。原本宫城并不是东京的中心。作家猪濑直树曾写过，一直到江户时代，"闹市区都集中在品川、新桥、东京、上野一线的东边。对于一般老百姓来说，江户城的城郭位于西边。（中略）明治天皇东驾初期，皇居还算不上东京的中心"。[1]

这种状况一直持续到明治时代。1923年（大正十二年），关东大地震以后，东京人口加快了西移速度。荏原郡和丰多摩郡，人口迅速增加。借此机会，通往东京西部的交通也快速发展。再次借用猪濑的话，"结果皇居从地理上也逐渐成为东京的中心"，"把东京的中心圆以山手线为原型在脑海中描绘出来，在昭和以后才逐渐成为普通人的印象"。[2]

因此，到了昭和初期，宫城以及环绕宫城的丸之内线的东京站，成了东京的中心。它的周围有山手线环绕，形成了从山手线站台分散出去、私铁线路呈放射状的铁道网（参照第54页插图）。山手线的轨道，宛若一座城堡（也被称作"万里长城"[3]），抵挡住从郊外"入侵"的私铁轨道。1933年（昭和八年），从日暮里到

---

[1]　猪濑直树《土地神话》（小学馆，1988），第182页。

[2]　同上，第183、191页。

[3]　小风秀雄《京滨急行电铁 —— 战前城市纵贯规划及其挫折》。

京成上野的京成是唯一例外。即便如此，该项目也曾在御前会议
中受阻，战争期间又被运输省接管。[1]战前，任何一条拥有专线
的私铁，都会被贯彻铁道省及市内交通机关"公营方针"的东京
市交通政策阻挠，无法真正进入山手线内部。[2]

　　明治时期在东京形成的"官"占优势的铁道网，一直持续
到昭和初期。上文多次提到，正是在这样的历史背景下，形成了
"民"从属于"官"的关东私铁多样的铁道文化。

大阪铁道网的形成过程

　　另一边，大阪的铁道又是何种局面呢？大阪的国铁没有东京
发达，但私铁起步却很早。现在关西私铁的终点站，大多建成于
明治中期到大正初期。具体来说，1885年（明治十八年），南海建
成难波；1905年（明治三十八年），阪神建成梅田；1910年（明

---

[1]　白土贞夫《京成电铁——终点站竞争的历史》(《民铁经营的历史与文化》
东日本篇，第174页）。

[2]　铁道部和东京市两方，对于实际上阻止私营铁道进入东京都中心的是哪一
个，至今仍存在分歧。对于原田胜正《产业的昭和社会史8：铁道》第64页所述
"与其说东京市拒绝私营铁道进入市中心，不如说是铁道部拒绝"，小风秀雄则
在《京滨急行电铁》第91页中写道："战时东京的近郊私营铁道，几乎都以山手
线为起点建立。理由之一是东京市的交通政策需要贯彻东京市内交通机构的公营
方针。"

治四十三年），阪急建成梅田、京阪建成天满桥；1914年（大正三年），近铁建成上本町。这些车站都独立于国铁站台。

大阪没有像东京的山手线那样阻止别的铁道进入市中心的国铁系统。从明治末期以来，一直保持着"民"占优势的铁道网。这些私铁，不仅进行了电气化和多线化，而且不时和国铁以及其他私铁抗衡。同时积极进行急行电车的运行、高架电车线的搭设以及复线化等建设，显著提高了运输能力。

到了昭和初期，又有新京阪铁道（现阪急京都线）、阪和电气铁道（现JR阪和线）等，基于《地方铁道法》取得许可的、真正意义上的地方私铁，逐渐开通。关西私铁的运输能力，也随之大幅提升。比如，新京阪及阪和线开通。这两条铁道都能运行表定时速（含停车时间在内的平均时速）超过80公里的超特快电车。

前述《昭和大阪市史》第1卷概说篇中，对昭和初期大阪发达的郊外私铁，作了如下描述。

大阪近郊多为住宅区，所以通往周边卫星城市的郊外电气铁道，比东京更为发达。大阪经济日渐膨胀，客流量急速上升，进而带动了铁道的繁荣。以大阪为中心的郊外铁道网之发达，轨道、车辆及各种设施之优秀，国内任何城市都无法望其项背。（《昭和大阪市史》，第203页）

　　上文中，"郊外电气铁道"指的是私铁。关西地区的国铁，即便到了昭和初期，除了东海道本线外，也仅有依《铁道国有法》收买了关西铁道改为国铁的关西本线（名古屋—凑町）、奈良线（京都—奈良）、片町线（木津—片町）、城东线（大阪—天王寺。现JR大阪环状线），收买了山阳铁道改成的山阳本线（神户—下关），收买了西成铁道改成的西成线（大阪—樱岛，现JR大阪环状线和樱岛线），收买了阪鹤铁道改成的福知山线（尼崎—福知山）这几条线路。

　　这些铁道，直到1932年片町线的片町—四条畷路段电气化之前，都没有电气化。大阪环状线尚未完成（环状运行始于1961年，比山手线的环状运行晚了36年），阪和线如前所述，并非作为国铁而是作为私铁开通（参照第55页插图）。

　　关西私铁在大阪形成了独有的、与"官"对抗的铁道文化。阪急大阪梅田、难波和上本町等，在大阪市中心巍然耸立的私铁终点站，成了"私铁王国"大阪的象征。下一章将会追溯到明治中期，详细论述彼时尚未出现的"私铁王国"之萌发过程。

（上）旧阪急百货商店中
央大厅的彩绘玻璃
（下）旧阪急百货商店中
央大厅的枝形吊灯
图片来源：讲谈社资料室

1925 年（大正十四年）左右的阪急梅田站临时站台

图片来源：铁道百年历史编辑委员会《写真图说：铁道百年历史》（讲谈社，1971），第 312 页

54

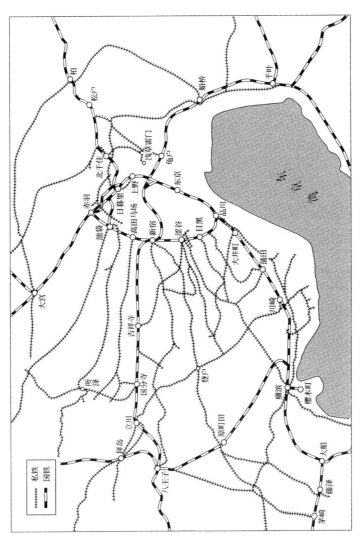

昭和初期东京近郊线路图（1934 年 12 月）

图片来源：作者绘制

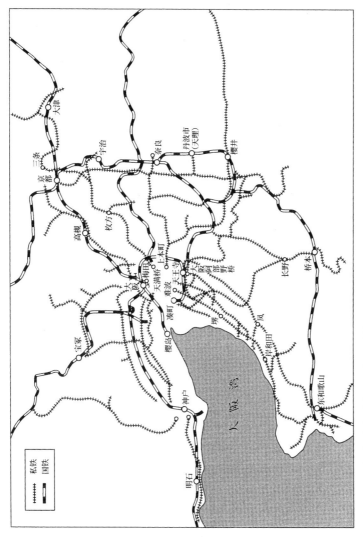

昭和初期大阪近郊线路图（1934 年 12 月）

图片来源：作者绘制

第二章 "私铁王国"的黎明

1. 第五届国内劝业博览会

极为破例的行幸

1903年（明治三十六年）3月起，大阪举办了为期5个月的第五届国内劝业博览会。这次博览会，既是明治政府举办的最后一届国内博览会，也是规模最大的一届。

博览会会场分为两部分。一处在现在的大阪市天王寺一带，另一处在堺市的大滨公园。会场占地总面积达105000余坪。举办期间，参观人次约为435万。[1]这个数字是当时大阪市人口的4倍以上。

---

[1] 吉见俊哉《博览会的政治学》（讲谈社学术文库，2010），第135页。

但是，这次博览会的特别之处，不光在于规模大、人口多，还在于明治天皇（1852—1912）和皇后美子（后为昭宪皇太后，1849—1914），嘉仁皇太子（后为大正天皇，1879—1926）和太子妃节子（后为贞明皇后，1884—1951）等皇室主要成员全部参访了会场。他们的参观次数为：天皇8次，皇后7次，皇太子和皇太子妃各3次。

其中，天皇和皇后参观的具体日程为：天皇出席了4月20日的开幕式，随后在4月23日、25日、27日、29日，5月1日、3日、5日、7日隔日参观会场，共计8次；皇后则在4月24日、26日、28日、30日，5月2日、4日、6日隔日参观，共计7次。由于天皇、皇后并非一起行动，而是分开参观，这样一来，二人合计访问会场便多达15次。[1]

当时，每年11月，天皇都要以统帅的身份，参加陆军特别大演习。除去此类军事演习，天皇访问东京之外的情况，极为罕见。[2]而且，天皇和皇后，虽然日期不同，但都通过铁道访问同一地方，也是继1894年至1895年甲午战争时两人相继乘坐御召列车访问广岛大本营之后的第一次。

––––––––––––

[1]　宫内省临时帝室编修局编《明治天皇纪》第10册（吉川弘文馆，1974），第406—419页。

[2]　关于这一点，详见原武史《可视化帝国（增补版）》，第71—89页。

路线是？

那么，第五届国内劝业博览会行幸和行启的行程又如何？天皇、皇后在京都御所居住，从京都到博览会会场，每日交替往返。4月20日开幕式当天天皇行幸，24日皇后行启。这两天，二人皆乘马车从御所到达京都站，乘坐御召列车经东海道本线从京都抵达大阪。到达大阪之后，再乘马车往南直行，到达市中心的会场。（返程路线相反）但是，23日天皇行幸及26日皇后行启之后，路线有所变动。

也就是说，除去天皇和皇后第一次参观时抵达大阪的20日和24日，两人都没有在大阪下车。

在大阪站，御召列车被"去掉车头，将后排车厢当作前排，再接上车头"[1]。经过此番调整，列车就可以反方向运行。再发车之时，火车进入属于私铁的关西铁道城东线（现大阪环状线）轨道，一路南下，到达天王寺。从这里到第一会场，同样利用关西铁道（现关西本线），在天王寺和凑町之间临时搭建的博览会停车场下车。如果前往第二会场，则进入另一家私铁南海铁道（现南海电气铁道）的天王寺支线（现废止），驶离天下茶屋，到南海本线的堺下车（各个线路返程相反，参照第82页插图）。

---

[1] 《两陛下巡览》（《风俗画报》275号，1993，第14页）。

如上所述，天皇、皇后乘坐御召列车的行程便为：分别在京都和大阪之间往返了7次和6次，在大阪和博览会临时停车场之间往返了5次和6次，在京都和堺之间往返了各1次。话虽如此，但在这些路段里，除去第一天和最后一天因"御通辇各站，府厅谨奉旨意，通牒一切官民无须送迎"[1]外，其他时段也没有看到"序章"所说的，沿线居民面向火车朝拜，连日大规模动员群众的场景。5月5日，天皇访问堺。御召列车在天王寺停车，关西铁道高层人士被允许拜谒。在堺站停车时，南海铁道的高层人士被允许面圣。[2]

值得注意的是，除去在大阪换乘马车的4月20日和24日，天皇、皇后从京都到博览会临时停车场，或是从京都到堺，乘坐的都是同一辆御召列车。在大阪，无关官办铁道是否过轨私铁的轨道，天皇和皇后根本没有换乘，而是搭乘御召列车直接进入私铁轨道。此时在关西地区，除了东海道线之外，已经有几条私铁线路开通了，而且它们使用的是同一条轨道。

同年10月，嘉仁皇太子为了参观和歌山、香川、爱媛、冈山四县，首先抵达了和歌山。皇太子乘坐东海道线和关西铁道先到天王寺，再从天王寺乘坐南海铁道天王寺支线和本线到达终点站

---

[1] 《两陛下巡览》（《风俗画报》275号，1993，第13页）。

[2] 宫内省临时帝室编修局编《明治天皇纪》，第10、418页。

和歌山市。这大抵和天皇访问博览会会场的路径相似。[1]但是，如果乘坐关西铁道和南海铁道，便可直接从东京出发乘坐相同的列车，无须换乘，直达比堺还远的和歌山。

关西铁道和南海铁道

天皇和皇后访问国内劝业博览会会场之时，关西地区的官办铁道只有东海道线，而属于私铁的关西铁道，则拥有这个地区最大规模的铁道网。关西铁道在1889年（明治二十二年）开通了首条路段 —— 草津—三云间，最后一段轨道是1895年完工的草津—名古屋间。之后，关西铁道依次收购大阪、速浪、奈良铁道等私铁公司。1899年，相当于现关西本线的凑町—名古屋间全线开通。轨道宽度是和东海道线相同的1067毫米，终点站是收购的原大阪铁道建造的凑町（现JR难波）。

另一方面，1885年，南海铁道开通了难波和大和川（现废止）之间的轻便铁道阪堺铁道，终点站和现在一样，选在难波。3年后，线路延长到堺。1896年，改建成和官办铁道一样的轨道宽度。1898年与阪堺铁道合并成为南海铁道，2年后开通了连接天王寺和天下茶屋的天王寺支线。1930年3月，赶在天皇、皇后使用这条轨

---

[1] 原武史《可视化帝国（增补版）》，第145页。

道之前，难波和和歌山市之间全线开通。

关西铁道和南海铁道，分别在凑町和难波等离大阪站有一定距离的地方，建造了各自的终点站。关西铁道对官办铁道始终抱有抵触情绪，甚至一度和东海道本线大打车票价格战，搞得尽人皆知。而另一方面，关西铁道的轨道，通过相当于旧大阪铁道的城东线，与大阪及东海道线连接。南海铁道也在天王寺支线开通后，和关西铁道、东海铁道成功过轨。在此之前，这两家私铁公司没有一条轨道和官办铁道及别家私铁连接。

实际上，这两家公司1910年签订了直达运行的协议。从大阪经由关西铁道城东线或南海铁道天王寺支线，直通南海铁道本线住吉（现住吉大社）的客运、货运列车，以1小时1班的时刻表运行。[1]

也就是说，关西铁道和南海铁道，并没有完全保证自己轨道的独立性。虽说有终点站，但并不是所有列车都一定要在终点站集合。

因此，在大阪站下车，即便不去凑町和难波等私铁终点站，列车也能马上进入私铁的轨道。天皇和皇后即使不在大阪下车停留，也能从京都搭乘直达火车去很多地方。明治天皇和皇后美子分别对博览会进行了8次行幸和7次行启，正说明了这点。

---

[1] 《南海电气铁道百年史》（南海电气铁道股份有限公司，1985），第147—150页。

从"帝都"东京延伸出来的、象征着国家权力的火车，也逐渐行驶到了和东京不同的另一个私铁领域。这恰好反映了"民"从属于"官"的关系。当然这种关系并不仅限于关西地区，在日本全国都可以见到。前一章所述关西私铁的种种特征，在这一时期，还没有完全显现出来。

2. 法律漏洞

私营铁道条例

那么，为何此时的关西私铁开始从属于"官"了呢？其中的关键在于1887年（明治二十年）颁布的《私营铁道条例》。当时的私铁，除了轻便铁道和马车铁道，全都依据这一条例铺设。《私营铁道条例》共41条，包含以下条款：[1]

> 第七条 轨道宽度，除取得特许者外，皆为三尺六寸。
>
> 第二十三条 战时或事变之际，应遵从政令使用铁道。

[1] 《明治法令全书》第20卷第1册（原书房，1977），第48—54页。

虽在平时，如需派遣军队，亦应听从当地官厅指令，迅速执行输送任务。（下略）

第二十六条　政府及取得政府许可者，如需连接公司轨道，或是横断铺设铁道，公司不得拒绝。又或接近公司铁道，及横断建设道路、桥梁、沟渠、运河之时，公司亦不得拒绝。

第二十七条　对官办铁道施行之规则，同样适用于私营铁道。

第三十四条　私营铁道连接官办铁道，交互运输手续及租金等，由铁道局长官决定。（下略）

第三十五条　政府下达许可证书满二十五年（有营业期限者则在营业期满后），有权收购铁道及其附属物件。

这些条款意味着什么呢？我们首先看第七条。"三尺六寸"为3英尺6英寸，换算成毫米是1067毫米，意味着和官办铁道的宽度相同。也就是说，私营铁道必须和官办铁道的轨道宽度相同。条例第二十六条、第三十四条、第三十五条也与此相关。

在第二十六条中，依照政府的判断，如果官办铁道想要连接私铁轨道，私铁公司不能拒绝。同时，在第三十四条中，上述情况的手续及租金不是由私铁，而是由官办铁道单方面决定。在第三十五条中，认定了"许可证书满二十五年"后，政府能通过收购等方式，使私铁轨道成为官办铁道。

这些规定，要求私铁必须和官办铁道采用相同的轨道宽度。这意味着，即便由私铁铺设的轨道，也无法保留地域性和独立性，随时都要和以东京为中心的官办铁道相连，也在事实上确定了私铁成为官办铁道一部分的可能性。

而且，第二十三条中规定，虽说是私铁的轨道，暂不论非常时期，即使在日常运行中，相比一般旅客运输，也需优先保证军事运输。在第二十七条中，明确规定了官办铁道的规定同样适用于私铁。这个规定的前提是，官办铁道的轨道能够连接到私铁轨道。

成为官办铁道的一部分

原本，政府出台《私营铁道条例》，是为了遏制19世纪80年代兴起的铁道修建热。政府需要"确保对民营铁道的监督权，同时恢复铁道政策上的主导权，制定相应的法规，以维持铁道网秩序"[1]。这项宗旨也明确体现在上文所述的6项条例里。

于是，当时的私铁不得不完全隶属于官办铁道，最后逐渐成为官办铁道的一部分。1900年（明治三十三年），《私营铁道条例》被重新修订，成为《私营铁道法》。按照政府的一贯方针，这些条

---

[1] 中村尚史《日本铁道业的形成与铁道政策（二）》（《社会科学研究》第48卷第2号，1996，第170页）。

款，几乎完全被保留了下来。

上文叙述的关西铁道和南海铁道的轨道，和东海道线连接，成为一条轨道。此举刚好印证了这个《私营铁道条例》。另外，关西地区和东海道线相接的私铁还有山阳铁道、西成铁道与阪鹤铁道。

其中，1888年，山阳铁道开通之初，把终点站设在了兵库。翌年，兵库和神户之间开通了和东海道线相连的轨道。1894年（明治二十七年）中日甲午战争之际，《私营铁道条例》第二十三条充分发挥了"应有的"效力。大量临时军用火车在东海道线以及和它相接的山阳铁道上行驶。同时，天皇、皇后、皇太子搭乘御召列车，从新桥直达大本营所在地广岛时也要使用这些轨道。西成铁道开通之时，和官办铁道一样，把终点站设在了大阪。阪鹤铁道的起点，也在东海道线神崎（现尼崎），1904年之后，开始运行大阪始发的直达列车。

1906年，制定了在"序章"中提到的《铁道国有法》。据此，当时大多数私铁，没等到《私营铁道条例》第三十五条（《私营铁道法》第七十二条）规定的"满二十五年"，就被收购了。在关西地区，除了山阳、关西、西成、阪鹤各铁道公司被收购之外，南海铁道、连接大阪道顿堀（现汐见桥）和长野（现河内长野）的高野铁道（现南海高野线），也在当时成了备选轨道。[1]

如果真能实现的话，根据《私营铁道条例》铺设的所有关西铁道都应该成为国铁。但是，南海铁道及高野铁道，没有成为收购的对象，而是依据《铁道国有法》第一条，作为"以一地方交通为目的之铁道"被保留了下来。关于南海铁道和高野铁道的命运，将在后文论述。

仅有三条的《轨道条例》

在关西地区，依据《私营铁道条例》及《私营铁道法》，私铁相继开通。与此同时，另一个属于私铁的轨道也开通了。虽说是轨道，但并非前文所说的专用铁轨，而是在路面铺设轨道。最初主要指马车铁道。后来，人车铁道、电气铁道、蒸汽铁道等也渐渐出现。电气铁道最终成了轨道的主要类型。[2]

1895年（明治二十八年）2月，京都市内最早的路面电车 ——京都电气铁道开通。与此同时，同样的电气铁道在大阪、东京等全国主要城市渐次开通。1905年（明治三十八年）4月，最早连接大城市间而非仅在市内运行的阪神电气铁道开通。此线连接大阪

---

[1] 《南海电气铁道百年史》，第156—158页。

[2] 中西健一《日本私营铁道史研究（增补版）》（Minerva书房，1979），第188页。

出入桥（现废弃）和神户三宫（与东海道线三之宫不同），在东海道线南侧（海水一侧）行驶。

上述轨道都是基于1890年制定的《轨道条例》铺设。此条例简单明了，共计3条。[1]

第一条　给一般交通运输提供便利的马车铁道以及其他轨道，建成者需向内务大臣取得特许，方能在公共道路上铺设。

第二条　铺设马车铁道及其他同类型的铁道，建成者承担之前道路的扩大或翻修工程。铺设新轨道所需土地，建成者需根据《土地收用法》，经内阁认定方能征收。

第三条　原有道路扩建、翻修及新轨道的铺设，俱编入道路铺设。

此条例没有关于轨道宽度的规定，也无关与官办铁道连接、收购等规定。和拥有41条规定的《私营铁道条例》相比，内容简单明了。这里可以清楚地看出，当时的政府仅把轨道看作附属于道路的辅助交通手段。

---

[1] 《明治法令全书》第23卷第2册（原书房，1978），第241页。

远见卓识 —— 采用国际标准轨

因此，除了和官办铁道一样采用1067毫米窄轨的京都电气铁道，关西地区的轨道都采用了比官办铁道宽的1435毫米国际标准轨。关于窄轨和国际标准轨的说法，需要简单说明。原本，日本的铁道，在1873年开通之时，采用的是英国铁道技术。当时，官办铁道（国铁JR）的轨道宽度被定为1067毫米。但这个规格，英国本国并没有采用，而是被大多数殖民地采用。

英国本国的轨道宽度采用了较宽的1435毫米。这个轨道宽度的由来，可以追溯到古罗马时期。英国从1848年开始采用1435毫米标准轨，之后建成的铁道宽度，都以此为标准。[1]

此举引来欧洲诸国和世界其他国家纷纷模仿。"据1895年统计，全世界铁道的75%采用标准轨道，14%采用窄轨，余下11%采用宽轨"[2]，标准轨道占据世界铁道的绝大部分。以东京—下关间为首，后藤新平（1857—1929）提出了有名的"铁道宽轨化"主张。他认为，日本的主要铁道干线应依次改为标准式。他的这种想法，正是源于以下理论 —— 不能落后"（在铁道领域）支配世

---

[1] 井上勇一《铁道轨距变化的现代史》（中央公论社，1990），第8页。

[2] 后藤新平《四十四年铁道预算相关内容》（东京大学社会科学研究所所藏《后藤新平文书》之《铁道宽轨化问题2》，第16页）。

界75%以上的学理、技术进步"。

这样想的话，关西的轨道不用窄轨，而是从最初就采用国际标准轨，可以说是远见卓识。同一时期，东京周边的轨道，除了大师电气铁道（现京急大师线）外，大多还是采用和马车铁道相同的1372毫米轨道。关西轨道可谓独具先见之明。

根据稍晚于《轨道条例》制定的《私营铁道法》第一条"本法除去《轨道条例》以及其他特别的法令规定之外，适用于一般运输用的私营铁道"[1]，私营铁道和轨道被明确区分开来，明确说明了轨道不适用这条法律。如南海铁道和高野铁道等轨道，符合"以一地方交通为目的之铁道"这一款项所规定的范畴，因而不属于被"官"收购的对象。所有的"轨道"都作为私营铁道之外的范畴或是公营市电被保存了下来。

扩大解释 —— 阪神电气铁道开通

那么，如果要不被当作私营铁道（基于《私营铁道条例》的私铁），而被视为轨道（基于《轨道条例》的私铁），需要什么条件呢？只有一条 —— 没有独立的专用线路。意即仅需满足"铺设在公共道路上"这一条件。京都电气铁道和东京电车铁道等在大

---

[1]　后藤新平《四十四年铁道预算相关内容》。

都市铺设的轨道，严格遵照这个定义，几乎都是在路面上铺设轨道。大阪只有阪神电气铁道没有完全遵从此条例。[1]

最初依据《轨道条例》取得特许之时，阪神电气铁道一半以上都在道路上铺设。但是社长外山修造（1842—1916）和技师长三崎省三（1867—1929）认为应当发挥标准轨道的优势。因为相比时速仅8英里（约13公里）的路面电车，窄轨在阪神间运行需要1小时左右。应该以运营这样的电车为目标，以便和并行的东海道线展开充分的竞争。

因此，他们重新考虑根据《私营铁道条例》进行特许申请。但最后还是按照《轨道条例》中"轨道只要和道路相接就行"这样的广义解释，得到当时的通信次官 —— 日本最早的工学博士古市公威（1854—1934）的认可。当时的铁道官僚，大多轻视铁道。他们倾向于把电气铁道当作马车铁道的补充。古市是其中少数对电气铁道行业表示理解，且能够预想行业未来前景的人。

据此，在阪神电气铁道全线30.6公里中，路面部分除了神户市内和御影附近5公里，其余皆为专用轨道。这样，没有根据《私营铁道法》，而是依据《轨道条例》取得特许，阪神建成了几乎和私营铁道相当的专用铁轨，而且全线电气化。第一个真正意义上的私铁在关西诞生了。

---

[1] 《明治法令全书》第33卷第2册，第140页。

开通之初，出入桥—三宫间所需时间为1小时30分，表定时速为20.4公里。后来，终点站从出入桥移到大阪站附近的梅田。2年后的1907年，所需时间缩短到1小时6分，表定时速提高到27.8公里。但是，在开通之前，三崎前往美国，对电气铁道的最新情况进行了调查。当时他已经预见到，日本能够运行表定时速65公里的电车。这远超还未进行电气化的东海道本线的运行速度。

五大私铁开通

到了明治末期，关西地区阪神电气铁道的开通促进了私铁，尤其是电气铁道的依次开通。

1910年（明治四十三年）3月，从大阪、梅田北上大阪平野，到达箕面和宝冢的箕面有马电气轨道（以下略称箕有电轨，之后的阪急）开通。翌月，从大阪、天满桥经过淀川左岸，经由伏见到达京都、五条的京阪电气铁道开通。1911年，和南海铁道并行，从大阪、惠美须町抵达滨寺站前的阪堺电气轨道开通。1914年（大正三年），从上本町经生驹隧道横穿生驹山地，到达奈良的大阪电气轨道（以下略称大轨，之后的近铁奈良线）开通。

至此，先开通的南海、阪神，加上箕有电轨、京阪、大轨，五大私铁到大正初期都在不断开通新轨道。因其如此，"大阪的郊外电气铁道在明治末期、大正初期的发展阶段，主要干线大多已铺设,然后慢慢补足之前做得不到位的地方。相比东京,大阪铁道普及得非常早,而且之后的发展也按部就班地向前推进着"。[1]

箕有电轨、京阪、阪堺、大轨等各私铁,都是依据铁道条例取得特许。但是,在纪州街道上完全铺设轨道的,除了阪堺之外的3家私铁,路面部分都很少。最多的是京阪,但全长46.6公里的线路,铺设在地面的也只是16.9公里,仅占三分之一。而且,路面部分在淀川左岸的低洼湿地,这里铺设专用轨道非常困难。[2]箕有电轨和大轨,除了大阪市内的部分其他几乎全是专用轨道。这无疑因为阪神开了个好头。

四个特征

这3条私铁和先开通的阪神,有一些共同特征。

一、各自的区间和原有的国铁线路并行。京阪和东海道本线的京都—大阪间,阪神和东海道本线的大阪—三宫间,箕有电轨和阪鹤线(1912年改称福知山线)的大阪—宝冢间,大轨和关西本线的天王寺—奈良间并行。

---

[1] 以下有关阪神开业的说明,见《阪神电气铁道八十年史》(阪神电气铁道株式会社,1985),第35—37页。

[2] 《明治大正大阪市史》第3卷(日本评论社,1934),第795页。

二、尽管如此，阪神和箕有电轨的梅田、京阪的天满桥、大轨上本町的各终点站，都和国铁的大阪站及天王寺站分开建成，沿线也无法和国铁换乘。

三、轨道宽度方面，因为采用了比国铁宽的1435毫米国际标准轨，无法和国铁相互过轨。若"序章"提到的天皇乘坐的御召列车想要进入，从物理上来说无法实现。

四、开通之初全线实现复线电气化。

这些特征从之前提到的关西铁道、南海铁道、高野铁道等取得《私营铁道条例》以及《私营铁道法》许可的私铁里很难看出。但在这个时期，已经可以窥见日后"私铁王国"的基础正在形成。

另一方面，根据《铁道国有法》，南海被从收购对象中排除。但南海也受到了各个轨道接二连三开通的刺激，慢慢脱离《私营铁道法》的束缚，增强了自身作为私铁的独立性。首先是从蒸汽到电气的转变。1907年（明治四十年），南海本线的难波—滨寺公园间进行了电气化，同时废止从住吉到大阪的直达列车，确立了难波终点站的中心性。4年后，主线全线完成电气化，1915年和竞争对手阪堺电气轨道合并，隶属南海之下。[1]

高野铁道后来业绩下滑，把业务转让给了新成立的高野登山

---

[1]　浅香胜辅《京阪电气铁道——沿线风土与历史景观》（宇田正等编《民铁经营的历史与文化》西日本篇［古今书院，1995］，第129、130页）。

铁道。高野登山铁道于1915年更名为大阪高野铁道，汐见桥—桥本间开始了电气化。1922年和南海合并成为现在的南海高野线。从1925年开始运行自难波发车的直达电车。[1]南海把铁道网扩张到了旧河内、和泉、纪州一带，难波也随之成为中心车站。

3. 两种风土

两张地图

章末有两张大阪（旧大坂）地图。地图由财团法人大阪都市协会出版，在现行国土交通省国土地理院发行的大阪市域地图的基础上准确还原，精密制作而成。

第一张是19世纪初期"大坂三乡"地图（参照第83页插图），名为"浪花的繁荣"。原图中闹市区显示为红色，武士用地为橙色，寺庙为绿色。

在地图中，由天满、上町、北船场、西船场、南船场、岛之内、堀江等地区组成的闹市区，像棋盘一样规整。北边的淀川由东向西，西端木津川从北向南流淌。两河之间为道顿堀川、西横

---

[1] 《南海电气铁道百年史》，第204—206页。

堀川等一些小河。它们与道路并行，直线流入闹市区。此时，新
淀川尚未建成，现在的大川（旧淀川）为淀川主要支流。武士居
住地与闹市区东侧相邻，以"大坂城"（大阪城）为中心扩张。寺
庙多集中在闹市区东南侧，从北平野町到天王寺一带。

　　另一幅地图是大正十四年（1925年）的大阪地图（参照第84
页插图），名为"近代都市的构成"。原图上红色部分为闹市区，
军用地是灰色，寺庙和公园为绿色，官厅是橙色，学校为黄色，
包括国铁在内的铁道为黑色实线。

　　加之国铁东海道本线、城东线、关西本线，上述之南海、阪
神、京阪、箕有电轨、大轨、旧阪堺、大阪高野的各私铁全部开
通。前一张地图没有的新淀川，在这张地图的左上部。旧淀川及
其支流等大小水路的位置则基本一致。除去已成为军用地的大阪
城周边，闹市区几乎覆盖了整张地图。寺庙、公园、政府机关及
学校等分散各处。寺庙地点和江户时代一致，但明治时代出现的
国内劝业博览会的地点，摇身一变成为天王寺公园与大众娱乐场
所"新世界"。

完全相反

　　比较这两幅地图可以发现一些耐人寻味之处。实际上，大正
时期完全属于大阪闹市区的南海难波，阪神、箕有电铁的梅田，

京阪的天满桥，大轨的上本町，大阪高野的汐见桥等各终点站周边，除了京阪的天满桥，原本都位于"大坂三乡"外侧，不属于闹市区。闹市区北部的梅田界隈，属于曾根崎村和北野村。闹市区南部的难波和汐见桥属于难波村。上本町则被划分到东高津村。

虽然不在闹市区，但是梅田终点站所在的旧淀川以北区域，难波及汐见桥、上本町所在的旧淀川以南区域，风土人情却大为不同。从地图中可以看出，前者和后者相比，寺庙较少，大部分地区被湿地和农田占据。"梅田"这个地名，就是取自把农田埋起来建造土地的意思，也就是"埋田"。[1]

阪神铁道，从梅田沿海岸线西侧，通到三宫。这点暂不讨论。箕有电轨则拥有从梅田北上大阪平野的广阔地区。这些梅田周边的地区，被称为"历史上的空白地带"。城市规划学者上田笃（1930— ）对此地特征，有如下表述。

> 靠近北边北摄山的淀川，由东北流向西南。南边是肥沃的大阪平野，西边和西市区相连。这么好的地方，既没有建都也没留下文化遗产，在历史上被忽视了。正因如此，现在新市区才建起了万博等新场所。（中略）这里是吉备、出云、大和、河内、伊势等各种势力的交汇地，但无人能在此建都。

---

[1] 日语中"梅田"和"埋田"发音相同。——译注

以千里为中心的淀川右岸地区，在某种意义上，一直作为历史上的空白地带存在着。[1]

与此相对，先前提到的旧淀川以南之地，则以四天王寺和生玉神社等寺庙为主。追本溯源，这里是《日本书纪》及《续日本纪》中记载的难波宫（前难波宫和后难波宫）所在之地。

"难波"这一地名，一般认为出自《日本书纪》卷三提到的神武天皇东征[2]，"戊午年春二月丁酉朔丁未，皇师逐东，舳舻相接。方到难波之碕，会有奔潮太急，因以名为浪速国，亦曰浪华。今为难波，讹也"。[3]

从难波、汐见桥、上本町延伸到大阪平野南部的南海和大阪高野及大轨的沿线地区，有生国魂神社、住吉神社（现住吉大社）和大鸟神社等自古以来等级仅次于伊势神宫等官币大社[4]级别的

[1]　《七十五年的历程》记述篇（阪急电铁株式会社，1982），第231页。

[2]　《日本古典文学大系六七：日本书纪》上（岩波书店，1967），第191页。——原注（后文译文引自《日本书纪》[四川人民出版社，2019]，第52页。——译注）

[3]　但是这个说法也有异议。见牧村史阳编《大阪语言事典》（讲谈社学术文库，1984），第517页。

[4]　关于官币大社，根据历史时期不同大致有两种划分。一是收入《延喜式》神名帐的神社中，由神祇官奉献币帛的神社，其中又有大小之别；二是明治时代制定的社格之一，由宫内厅奉献币帛，曾有大、中、小、别格四个等级。第二次世界大战后废止。（引自《新世纪日汉双解大词典》）——译注

神社、天皇陵和古坟。而箕有电轨以及在其上发展形成的阪急神户线、今津线沿线地区，除了西宫市广田神社之外，官币大社级别的神社和天皇陵一个也没有（参照第85页插图）。[1]另外，这里还是《日本书纪》中的古代帝王经常行幸的都城。明治时代以后，以天理教为首，从天理教派生出来的天理研究会（天理本道，现为本道）、人生之路教团（现为完全自由教［PL］教团）[2]等新兴宗教本部也在此地。此地还以泉山脉和纪之川为界，与高野山、吉野、熊野毗邻。

如果把旧淀川以北视作"历史上的空白地带"，是和地仙、地灵等无缘的土地，那么旧淀川以南则有古代以来以王权为中心的丰富多彩的历史，由此产生了各种土著宗教。两地的风土人情大相径庭。

---

[1] 当然在箕有电轨沿线，也有成为车站名的神社，如卖布神社。但其规模远远小于住吉神社和大鸟神社。

[2] 完全自由教是1946年由人生之路教团的教祖御木德一的长子德近开宗的新宗教教团。主张"人生是艺术，应依天地之规律实现自我"。起初称PL教团，1974年改称现名。总部在大阪府富田林市。（引自《新世纪日汉双解大词典》）——译注

北部"合理主义"与南部"浪漫主义"

大阪话里有"南部"和"北部"[1]之说。

熟悉大阪历史的经济学家宫本又次（1907—1991）认为，"北部"原指堂岛和曾根崎等新开发的地区。上述地图中，随着闹市区的扩张，渐渐往北移动，也就是梅田界隈一带。而"南部"原指岛之内，也是在刚才那幅地图中，随着闹市区的扩张，变成了道顿堀、千日前、难波、木津，并包含天王寺和阿倍野在内的区域。[2]

关于二者的差异，宫本又次做了如下论述。

办公楼、娱乐街、郊区电车，这样的三位一体构成了"北部"，是工薪阶层的聚居地，不是官爷、公子哥、窃贼的地盘。时髦的"北部"，和阪神之间的住宅地很搭调。"南部"则是不同的景象。（中略）总体说来，"北部"比较简洁利落，不是很接地气，让人觉得难以接近。[3]

---

[1] 原文为片假名"キタ""ミナミ"，分别意为"北部""南部"。——译注

[2] 宫本又次《北部——风土记大阪》（Minerva书房，1964），第3—8页。

[3] 同上，第15—16页。

此种南北差异，刚好和前文所述的旧淀川南北两地风土人情的差异相符。北部的土壤，孕育出了江户初期的町人学者山片蟠桃（1748—1821）等否定神佛的冷静"合理主义"。南部则孕育了昭和初期日本浪漫派代表人物保田与重郎（1910—1981）。他诙谐地美化了古代日本，形成了"浪漫主义"一派。

用二元对立的观点来看，旧淀川以北的"北部"区域，风土人情为"合理主义"。旧淀川以南的"南部"区域，则更接近于"浪漫主义"。

夸张地说，根据私铁的终点站设置在大阪"北部"的梅田还是"南部"的难波这一不同，各个私铁所构建的文化内涵也会随之改变。

如前章所述，关西私铁，同样建立了多种与"官"不同的文化。细致说来，终点站的位置以及轨道铺设的区域，很大程度上受到当地风土人情的影响。

本书"私铁王国"指的是"南北"铁道的复合体。下一章将以将"北部"梅田设为据点开通的箕有电轨、阪急为中心论述。将其与着眼于"南部"的南海进行比较，探讨大正末期确立形成的私铁王国的具体形态。

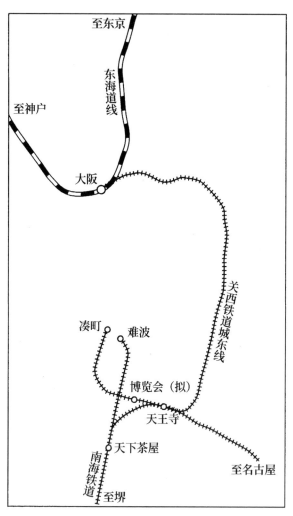

博览会行幸、行启路线图

图片来源：作者绘制

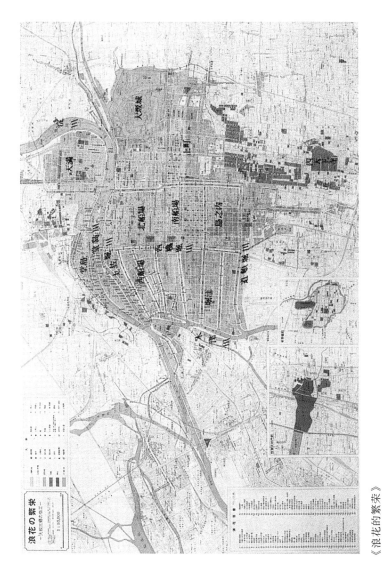

《浪花的繁荣》

图片来源：财团法人大阪都市协会

84

《近代都市的构成》

图片来源：财团法人大阪都市协会

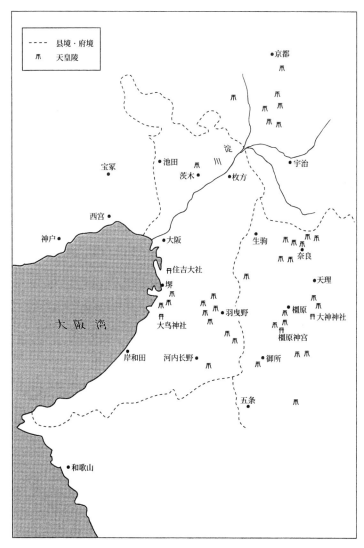

大阪周边天皇陵分布图

图片来源：作者绘制

相关年表 II

1909年（明治四十二年）	1月	阪神、西宫前租赁房屋32户落成
1910年（明治四十三年）	3月	箕面有马电气轨道开业（梅田—宝冢、石桥—箕面）
	4月	京阪电气铁道开业（天满桥—五条） 香里园开业（开业时站名为香里）
	11月	小林一三开办箕面动物园
1911年（明治四十四年）	5月	宝冢新温泉开业
	10月	箕面动物园举行山林儿童博览会
	11月	南海铁道本线全线电气化
	12月	阪堺电气轨道开业
1912年（明治四十五年）	1月	修订《有关御召列车警卫的通知》
	7月	阪堺电气轨道"新世界"开业 明治天皇驾崩，改元大正
1913年（大正二年）	5月	丰中体育场竣工
	7月	小林一三成立宝冢唱歌队（后改称少女歌剧、少女歌剧团）
	8月	东海道本线全线复线化
1914年（大正三年）	1月	生驹隧道开通
	4月	大阪电气轨道开业（上本町—奈良）
	7月	南海建设"乐天地" 关一任大阪市高级助理
	12月	东京站开业
1915年（大正四年）	3月	南海铁道与阪堺电气轨道合并
	4月	高野登山铁道更名为大阪高野铁道
	8月	第一次全国中学生棒球大会在丰中体育场举行（大阪朝日新闻社主办）
	11月	大正大礼
1916年（大正五年）	3月	阪神、鸣尾赛马场内开设棒球场

	4月	时年十四岁的裕仁皇太子巡幸大阪
1917年（大正六年）	4月	大阪市成立城市改良计划调查会
1918年（大正七年）	2月	箕面有马电气轨道更名为阪神急行电铁
	3月	大神中央土地株式会社开业 旧香栌园被开发为住宅用地
1919年（大正八年）	4月	《地方铁道法》颁布（8月施行）
	11月	裕仁皇太子巡幸大阪 城市改良计划调查会发布《大阪市区改正部案》
1920年（大正九年）	1月	《城市规划法》施行（1918年4月颁布）
	5月	铁道院升格为铁道省
	7月	阪急神户线和伊丹支线同时开业
	11月	明治神宫竣工 阪急大厦竣工，1层租给白木屋，2层为食堂
	12月	后藤新平任东京市长
1921年（大正十年）	4月	《轨道法》颁布（1924年施行）
	9月	阪急西保线开业（西宫北口—宝冢）
	11月	裕仁皇太子摄政
1922年（大正十一年）	9月	南海铁道与大阪高野铁道合并
1923年（大正十二年）	4月	大阪市社会部调查科发布《余暇生活研究》
	9月	关东大地震
	11月	关一任第七任大阪市长
	12月	三浦周行发表《从法制史看大阪》
1924年（大正十三年）	7月	宝冢大剧场竣工

第三章 "阪急文化圈"的形成

1. 俯瞰来往火车 —— 小林一三

独赴铁道业

众所周知，1910年（明治四十三年），小林一三创立了阪急的前身 —— 箕面有马电气轨道（箕有电轨）。

1873年（明治六年），小林在山梨县出生，后进入东京庆应义塾学习。他原本是和大阪无缘之人。在庆应学习期间，小林称得上"文学青年"。他在《山梨日日新闻》上发表小说，梦想成为一名新闻记者。1893年，小林从庆应毕业，就职于三井银行。这个工作并非小林的理想职业。

小林进入三井后，马上被调派至大阪分店。他在《逸翁自传》中，回想了人生第一次从东京调往大阪的经历。

那是我二十一岁的夏天。明治二十六年（1893年）九月，具体日期已经记不清，大约是十日，下午四时左右。前一天，我从东京新桥站搭乘火车，在闷热的车厢过了一夜，疲劳困乏。第二天正午，我（从车窗）看到了右手边朝日啤酒工厂的大幅广告，知道大阪就要到了。收拾好行李，一个人步入梅田站台，心里很没底。[1]

从这段记述可以看出，小林孤身一人来到陌生之地，心情低落。之后，小林虽然在名古屋分店和东京分店工作过，但1907年（明治四十年）从三井银行辞职后，他彻底搬到了大阪，并在大阪郊外度过了一生中的大部分时光。可以说，这次调任是小林和大阪命中注定的缘分。

小林从三井辞职移居大阪的原因是，三井时代的上司岩下周清（1857—1928）成为筹备中的证券公司的经理。但是，正值经济低迷，这个计划被搁浅了。小林经岩下介绍，进入阪鹤铁道工作，成为一名督导。这也是小林从银行业转行铁道业的标志性事件。

---

[1]　小林一三《逸翁自传》（讲谈社学术文库，2016），第22页。

车站位置

实际上，依据1906年（明治三十九年）制定的《铁道国有法》，阪鹤铁道被收购为国铁。阪鹤铁道相关人员，在同年成立了新公司。所谓新公司，就是连接梅田和箕面、宝冢、有马温泉，以及宝冢和西宫的箕面有马电气铁道。1907年，更名为箕面有马电气轨道，将此定为公司正式名称。但这些工程中，只有宝冢—有马温泉间和宝冢—西宫间如期完工，整条轨道并没有完全铺设成功。

事实上，小林一个人接手了公司的创办事宜。依据《轨道条例》取得特许的一年后，也就是1908年，梅田到箕面、宝冢之间的路段开始施工。上一章也提到过，除去梅田附近，大阪铁道几乎没有路面部分，都是专用轨道。路线计划同年11月开通，小林请岩下周清任社长，自己依旧担任专务。但小林才是实际上的管理者。

他这样回忆当时的情况：

> 公司成立后的一年，工作有条不紊地开展。当时新淀川建了临时木桥。但奇怪的是，每逢洪水来临，桥就无法通行。铁桥建成非常迅速，这个工程就好像广告一样，引起了人们的注意。（明治）四十二年（1909年）九月，铁桥早早竣工了。越过梅田东海道线的跨线桥工程和梅田停车场预留地等

招牌项目，提高了公司的社会信誉。[1]

小林回忆录中引人注目的是，作为起点的梅田站所在地。

当初，大阪市不同意把起点建在梅田附近。小林和大阪市交涉数次，决定把车站建筑用地选在能和国铁轨道区分开来的南侧一角。1908年9月，此举被大阪市参事会认可，也从当时的监督部门铁道院取得了架设跨线桥的许可。[2]当时的梅田站，和现在不同，建在国铁大阪站南侧。列车出站马上左转上坡，穿过东海道本线和城东线，向北运行（参照第131页下方插图）。

东海道本线连接新桥和神户，是近代日本最重要的干线。当时没有一家私铁，能够跨越这条国铁的轨道。成功取得大阪市和铁道院双方的妥协，若无其事写下的那句"提高了公司的社会信誉"，其实暗藏了解读小林思想的关键因素。

如何选地，如何择宅

1910年3月10日，箕有电轨宝冢本线梅田—宝冢间，以及在途经石桥（现石桥阪大前）时分开行驶的箕面支线石桥—箕面

---

[1]　小林一三《逸翁自传》，第172页。

[2]　《七十五年的历程》记述篇，第9页。

间，比计划提前3周开通。此线全线复线电气化，轨道宽度是国际标准轨1435毫米。沿线没有京都、神户等大都市和著名景点，而是一味地在旱田和水田间运行。这列火车，时人戏称"蚯蚓电车"。但小林却有自己的想法。

开通前，小林两次步行往返沿线，将沿线站前的大多数郊外住宅进行了分割出售。他确信，只有争取到搭乘箕有电轨去大阪工作的乘客，才是拯救根基不稳的"公司命运"之关键所在。[1]

为此，小林特意制作了《希望电车》《住宅地介绍——如何选地，如何择宅》等宣传册，各印刷了1万本，分发给大阪市内的各家各户。这两本宣传册，已经反映出之后成为"私铁王国"核心的阪急和小林的战略。

宣传册的内容大致如下。《希望电车》用37页阐述了从建设费到工程内容、收支预算、住宅地经营、电铁的价值等内容，介绍了和同在郊外的南海和阪神的沿线住宅地相比，箕有电轨的沿线优势。显然，这里"水清而冽，背山冬暖，临（大阪）湾夏凉，春有百花秋红叶"。[2]

另一方面，《住宅地介绍》一册中，强调了与"出生10人死亡11人"的大阪市恶劣的生活环境相比，郊外更适于居住。而箕有

---

[1] 小林一三《逸翁自传》，第167页。

[2] 同上，第291、393页。

电轨沿线，恰恰坐拥风光明媚的31.1万坪郊外土地。[1]第一轮卖出了池田站前附近的室町住宅地。这个"模范新住宅、理想新家园"配备的"人工设施"如下。

- 道路两侧的树木
- 独栋住宅
- 宽敞庭院
- 电气电灯
- 完善的沟渠、下水道等卫生设施
- 公司直营的购物套餐、廉价供给物资
- 新建成的俱乐部等娱乐场所，提供完备的台球桌等设施
- 公园、花园普及花卉盆栽园艺
- 理发店、西式清洗店等日常生活所需店铺[2]

田园都市

这其中，也有"公司直营的购物套餐"这样的失败案例。但

---

[1] 小林一三《逸翁自传》，第294—298页。

[2] 《经营土地住宅的鼻祖》(《阪神急行电铁二十五年史》[阪神急行电铁株式会社，1932]，第34页)。

是，正如社会学家津金泽聪广所指出的，小林试图在箕有电轨沿线建设"日本未曾有过的新型自给自足社区"[1]，这一点值得注意。

这一时期，不光是民间，政府也对欧式田园都市表示了关注。1907年，内务省地方局相关人员编写的《田园都市》由博文馆发行。此书详细介绍了欧洲田园都市建设的最新动向。这本书也对小林产生了影响。

但是，内务省提出的国家层面的田园都市建设，首先关注的是"应精整一国整体，巩固国家繁荣之基石"[2]，但这一构想并没有实现。与此相对，小林希望建成的"郊外乌托邦"，是独立于"官"，根植于地方的自给自足型社区。从这两种方案真正实行后的结果来看，也是有差异的。

实际上，作为社区核心部分的购物套餐和俱乐部并没有实行。虽然没有实现欧洲田园都市运动里常见的社会改革和互助社会论等理想，但以室町住宅地为代表的沿线住宅地，已经和传统的职住一体的"家"区分开来，建立了近代职住分离的"家庭"。这也成为后来发展壮大的"阪急文化圈"的原型。[3]

---

[1] 津金泽聪广《宝冢战略》（讲谈社现代新书，1991），第88页。

[2] 内务省地方局相关人士编《田园都市和日本人》（讲谈社学术文库，1980），第19页。

[3] 关于明治时代日本出现的"家庭"这一概念，请参照牟田和惠《作为战略的家人——近代日本的国民国家形成与女性》（新曜社，1996），第3章、第6章。

其他公司的尝试和池田室町住宅地

小林自己说过，箕有电轨并不是第一家着眼开发大阪郊外地区的公司。比箕有电轨创办更早的阪神，1908年发行了题为《鼓励市外居住》的宣传册，篇幅229页。[1]这本宣传册，同样受到《田园都市》的启发，强调从大阪市内移居到阪神沿线的郊外住宅对健康的益处。阪神也受到了欧洲田园都市构想的启发。

但实际上，阪神实施的不是分割出售郊外住宅地的方法，而是经营房屋租赁。1909年，西宫站前，阪神先是建造了木制平房及2层楼高的出租房屋共计34户，随后又在沿线的鸣尾和御影建造了出租房屋。[2]

另一家比箕有电轨成立得更早的南海铁道，优先开发了海滨度假地，而不是沿线住宅地。明治末期，此公司建设的、能称得上郊外住宅地的，也就是天王寺附近从别墅区发展成天下茶屋的地段而已。

这些车站，站前景色优美。

　　站前东侧是广场，广场东边植有贯穿南北的樱花树。樱

---

[1]　《阪神电气铁道八十年史》，第111—112页。

[2]　同上，第113页。

花树皆为老树。春天来临，樱花飘落在行人肩上。到了秋天，南侧的栌木则鲜红动人。[1]

从这段话可以看出，前往大阪市中心上班的工薪族移居到了这里。但它和箕有电轨沿线住宅地的不同之处也很明显。若和天下茶屋及池田室町进行比较，下文很好地说明了各中差异。

和富有自然情趣的天下茶屋形成对比，丰能郡池田町（今池田市）开始了山水庭院式的郊外生活。小林一三的箕面有马电铁[2]（阪急电铁的前身）开发的室町，"让疲于奔命的人们，回到家中，得到安慰。伴随鸡鸣醒来，傍晚倾听庭院传来的虫声。可谓理想的新家园"。从明治末年到大正初期，手拿宣传册造访室町的人们被眼前的景象惊到了：像棋盘一样的路边，整齐建成了200户住宅。每户面积都有近百坪（320平方米）。这是日本首个真正意义上的分割出售式住宅地。[3]

---

[1] 读卖新闻大阪总公司社会部编《实记百年大阪》（朋兴社，1987），第568页。

[2] 本书其他提及处皆使用"箕面有马电气轨道"，此处"电铁"一说为引用部分原文，未作修改。——译注

[3] 读卖新闻大阪总公司社会部编《实记百年大阪》，第568—569页。

上文引自小林《住宅地介绍》。对于当时的人们来说，从池田站前延伸而去的室町分割土地出售住宅地，是一个打破常规的、有计划的工程。一区划100坪的土地上，建造了20坪×20坪的双层楼房以及庭院，以2500日元或3000日元的价格出售。这片住宅地可首付两成、贷款10年，每月仅需支付24日元。这里首次采用了现在常用的房贷形式，一经发售，就被一抢而空。[1]

俯瞰来往火车

箕有电轨为吸引乘客，做了很多筹划工作。终于迎来了3月10日开业这一天。当天，大批客人来到现场。其中，《大阪新报》的记者岩野泡鸣（1873—1920），在室町住宅地竣工伊始旋即入住。在大阪今宫中学任教的折口信夫（1887—1953）于2年后搬到了沿线的萤池。

两人都是按小林的计划开始新生活的人。这些人搭乘箕有电轨，从郊外通勤到大阪中心。泡野是小林的朋友，在室町居住了大约2年。但折口不适应这种新的生活方式，不到一年就搬回了大阪市内。[2]昭和初期，小田急开通时，柳田国男移居到了沿线

[1]　小林一三《逸翁自传》，第168页。

[2]　《折口信夫全集》第31卷（中央公论社，1976），第389页。

的成城。他的东京都心通勤生活持续了3年，之后一直居住在成城。把折口信夫和柳田国男进行比较很有意思，但本书不做详细探讨。[1]

电轨开通之时，相比郊外整齐的住宅地，跨越东海道本线和城东线的梅田附近的跨线桥更加引人注目。这座桥在前文已有所提及。3月10日《大阪朝日新闻》报道铁道开通的文章中的照片，不是室町住宅地，而是"梅田跨线桥上电车往来实景图"。小林在《逸翁自传》一书中引用了此文。

实际上，从梅田一坐上箕有电轨的电车，马上就可以看到国铁大阪站及站台下川流不息的火车。小林创作了一首《箕面有马电车歌》，歌词中描绘了私铁跨越国铁轨道的场景。大阪市内及铁道沿线的小学都收到了这首歌的歌词。来郊游的的小学生们唱道：

> 春来东风吹，梅田东口梅。
>
> 北野跨线桥，火车收眼底。[2]

《箕面有马电车歌》共15节，引文为第一节。这里所说的"火

---

[1] 柳田国男和折口信夫都是民俗学家。——译注

[2] 《京阪神急行电铁五十年史》（京阪神急行电铁株式会社，1959），第180页。

车"，指的是东海道本线。

虽然上文已经提过，但这里还是要强调，当时没有一条私铁能横跨这条轨道。扎根地方，旨在建立"郊外乌托邦"的箕有电轨，横跨从东京而来的象征国家权力的东海道本线，这种现象已经超越了物理上的位置关系，上升到一种思想表现。或许，小林正是预见到了这一点，才在歌词中写出"火车收眼底"，从而巧妙地展现了他的"反官精神"。

追加条文的意义

这里有必要重新提起1903年天皇和皇后乘坐的御召列车。天皇、皇后参观国内劝业博览会所乘的御召列车，曾在东海道本线的此路段多次往返。此时"北野跨线桥"尚未建成。1907年11月，日本颁布了首个《有关御召列车警卫的通知》（共3章51条）的全国性规定。该规定的第四条指出"不应从高处俯视御召列车"[1]，严禁任何组织或个人从高处俯瞰御召列车。但是箕有电轨的开通，意味着有火车能从"高处俯视"御召列车最频繁行驶的路段。

《有关御召列车警卫的通知》，在箕有电车开通一年零一个月

---

[1] 《铁道公报》号外，1907年（明治四十年）11月9日。

后的1912年1月再次修订，共3章57条。新追加的条文里有了以下内容。

第三十九条　御召列车在交叉线路上方或下方行驶之时，其他轨道不应通车。由最近车站站长指挥调度。[1]

这个条文明显针对箕有电轨的开通制定。《有关御召列车警卫的通知》修订之前，在1910年11月的冈山行幸和1911年11月的久留米行幸时，明治天皇乘坐的御召列车都从"北野跨线桥"下通过。鉴于此新事态，为了限制箕有电轨电车的运行，急需出台比"第四条"更具体的规章制度。

随着1910年箕有电轨开通，日本最早的"自给自足社区"池田室町住宅地和"火车收眼底"的梅田附近的跨线桥建成。这两个分别在火车起点和郊外出现的风景，成为从"官"独立出来的象征。箕有电轨开通之时，小林的思想已经可以从这些有形之物中看出来了。

---

[1]　《铁道公报》号外，1912年（明治四十五年）1月15日。

2. 民众之都

绝不求人

在1935年（昭和十年）出版的《我的活法》一书中，小林说了这样的话。

> 青年时代，我在庆应学到了做人要独立独行。我的社交也是遵照这个标准。我不会说好话，不会讨好别人。我只说自己想说的话，因此不被待见。[1]

福泽谕吉（1835—1901）在世时，小林在庆应义塾学习。据上文所说，当时学到的独立精神，成为他的人生座右铭。从庆应毕业加入三井银行，他从未讨好过上司，以致被人状告，"没见过小林这么狂妄的人"[2]。

和同样具有反叛精神，被人们当成危险分子的记者宫武外骨（1867—1955）结交[3]，可能也是因为二人志趣相投。小林喜欢浮

[1] 小林一三全集委员会编《小林一三全集》第3卷（钻石社，1962），第45页。

[2] 小林一三《逸翁自传》，第134页。

[3] 参阅吉野孝雄编《吾乃危险人物：宫武外骨自传》（筑摩书房，1985），第78、179页；以及吉野孝雄《宫武外骨》（河出文库，1992），第177页。

世绘，尤其喜欢1910年宫武发行的浮世绘研究杂志《此花》。他经常把自己手头的浮世绘拿去给宫武鉴定。

宫武在《此花》废刊后，创办日报《不二》。这家报纸的办公场所，是由小林在1913年（大正二年）提供的。以此为契机，二人更加交好。《逸翁自传》中记载，小林拜访"友人宫武外骨"的工作地点，是东大法学部明治新闻杂志文库。宫武还把在《山梨日日新闻》连载的小说给小林看。[1]两人的友谊终生未变。

当然，即便在"官"的势力愈发强势的战争时代，小林作为普通民众的形象也始终如一。1940年（昭和十五年），第二次近卫文麿内阁看中了小林的经营才能，带他进入政界，任职工商大臣。但是，他和意在强化统治经济的次官岸信介（1896—1987）等改革派官僚以及军部意见相左，仅任职8个多月，就被迫辞职。

小林辞职后写下《大臣落第记》。书中，他回顾了任职工商大臣的经历，认为这段经历"彻底暴露了自己不适合当官吏的性格"[2]。同时，对于批判自己的"衙门有衙门的习惯，官吏有官吏的性格，要充分理解这两个系统，只认为自己正直，简单地认为，自己认为对的就是对的，错的就是错的，可就犯了大错"之言论，

---

[1] 小林一三《逸翁自传》，第16页。

[2] 《小林一三全集》第7卷，第38页。

小林回应道，"我对于官吏的认知和各位的看法不大一样"[1]。

小林的这种反官思想，从箕有电轨开通之初就一以贯之。从上文所述《箕面有马电车歌》的歌词，以及下文他多年之后的回忆中也可以看出。

要让我们说，这件事，京阪神不让铁道省来做也可以。这有点多管闲事了，我们怎么做你们瞧着就行了。（《有关铁道交通问题》，1938年9月）[2]

周围人经常对我说，"你别乱说话了。我们还得去铁道省点头哈腰说好话，否则就会被找茬儿"。都是些胆小怕事之徒。我是银行业出身，虽然行业不同，但成立阪急以来，从没对铁道省、内务省、通信省低三下四。因而也没承过别人的情，到哪里也都是直言不讳。一路走来，确实不怎么受人待见。（同上）[3]

这里的"铁道省"，准确说来，是1920年铁道院升格而来的

---

[1]　《小林一三全集》第7卷，第389、390页。

[2]　《小林一三全集》第4卷，第426页。

[3]　同上，第445页。

中央机构，因此也包含之前的铁道院。小林说"成立阪急以来，从没对铁道省、内务省、通信省低三下四"，恰如其分地反映出他作为"私铁王国"创始人的面貌。箕有电轨成立以来，公司采取一贯方针：从未聘任过一个从铁道院或者铁道省过来的人。

小林的大阪论

和反官思想一起在小林身上突出反映的，还有对东京和大阪的多层面比较。小林不是纯粹的大阪人，正因如此，他反而更能看清大阪和东京的不同。

> 东京的工作一定伴随着政治，或者说近代的政治组织侵蚀其中。可以说，东京的公司基本都受此影响。各个有名的公司都受政治的毒害。（中略）从这点来说，大阪就好得多。不需要和政治有瓜葛。主要因为政治和实业是分开的，所以没必要担心。（中略）总的来说，这里不用刻意模仿政治中心东京，这里有关西特有的商业精神，可以在政治以外，按照自己的意愿来办事。（《事业——东京型和大阪型》，1935年）[1]

---

[1] 《小林一三全集》第3卷，第88、90、95页。

　　小林把和"政治中心"东京相对的，"不需要和政治有瓜葛"的大阪，称为"民众的大都市"[1]。因此，他认为在大阪，铁道必须完全属于民众。关于这一点，他还做了如下表述：

　　　　我在这里想就民众的大阪、实业之都大阪，说说自己的看法，供大家参考。首先，不是自吹自擂，我对亲自经营的电气铁道公司，是当作毕生事业来看待的。我认为，如果在公司未来的发展中，股东为所欲为，牺牲绝大多数乘客的利益，那就大错特错了。铁道作为公共事业，绝对不能侵占大众的权益。这是我的一贯方针。我认为，今后一切工作都要以人民的利益为出发点，这才是最稳妥的做法（下略）。（《平凡主义礼赞》）[2]

　　这种"绝对不能侵占大众的权益"、以乘客为中心的经营方针，从最初的池田室町住宅地可以采取长期贷款的方式购买的事实中，就已经有所体现。之后，箕有电轨沿线开展的各类文化事业，也是这个方针的延续。

　　同样在大阪内部，但箕有电轨的终点站没有建在"南部"的

---

[1]　《小林一三全集》第6卷，第183页。

[2]　同上，第184页。

难波和上本町，而是建在"北部"的梅田，这并不是随意决定的。这暗示了，小林经手的箕有电轨，和把终点站放在难波的南海，以及把终点站放在上本町的大轨相比，更加重视合理主义，不拘泥于历史与传统。接下来将探讨从明治末期到大正初期，阪急沿线各种项目的具体形态。

宝冢少女歌剧团

连接梅田与箕面、宝冢的箕有电轨的沿线，前一章也涉及了，相当于"历史上的空白地带"。小林从箕有电轨开通初期，就早早在这里建成了新的娱乐设施和文化设施。

开通8个月之后的1910年（明治四十三年）11月，首先在终点站箕面建了动物园。1911年，在另一个终点站宝冢开了宝冢新温泉。2年后成立宝冢唱歌队（后改称少女歌剧团）。其中，动物园不久就歇业，后两个项目则大获成功。特别是少女歌剧团，打造了箕有电轨沿线的良好形象。小林对着眼于宝冢的动机做了如下说明：

> 那个地方本来就有天然温泉，于是就地取材，建了温泉中心。我想建一座时髦的温泉，但光是这样，客人并不会来，还得添一些节目助兴，不得已组建了唱歌队。（《与

学生对谈》）[1]

实际上，少女歌剧团并不完全是小林的独创，而是从三越百货商店少年音乐队得到的启发。[2]然而，小林不但把仅有一个温泉场的宝冢发展成为可以称得上健康中心的新温泉，还创立了当时可以说是非常崭新的、全部由少女组成的歌剧团。这和上一章所说的"北部"的风土相通。这里不受历史和传统束缚，思想自由。

除此之外，1911年，小林和大阪每日新闻社合作，在箕面动物园开办了山林儿童博览会。从1913年（大正二年）开始，每年还在宝冢新温泉开办妇女博览会、婚礼博览会、家庭博览会。[3]从多样的主题可以看出，这些博览会也和少女歌剧团一样，把被国家权力中心忽视的，特别是儿童和女性当成目标群体。小林重视的，不是以男尊女卑"家长制"为主的传统家庭，而是包括女性和儿童在内的现代"家庭"，这点和室町住宅地一脉相承。[4]

1913年，沿线的丰中建了新站，打造了当时规模最大的丰中体育场。2年后，由大阪朝日新闻社主办的第一届全国中等学校优

---

[1]　《小林一三全集》第3卷，第112页。

[2]　《京阪神急行电铁五十年史》，第11、137页。

[3]　同上，第200—201页。

[4]　吉见俊哉《大正时期媒体活动的形成与中产阶级郊外乌托邦》。

胜棒球大会在此举办。[1]小林有意识地在箕有电轨沿线，打造了和商人、工人聚集地"南部"道顿堀、千日前不同的，属于"北部"的新文化。

"新闻王国"大阪

在箕有电轨沿线召开博览会和中学生棒球运动会，和大阪每日新闻社、大阪朝日新闻社合作，这些做法都值得注目。少女歌剧团被世人所知，是由于大阪每日新闻慈善团的推广。1911年，大阪每日新闻社为了发展社会事业，成立了大阪每日新闻慈善团。这也促进了其日后公司业务的发展。[2]这两件事都道出了大阪私铁和报业之间的紧密联系。

大正时期的大阪，报纸和私铁同时兴起。1921年，大阪市社会部进行了劳动者调查，发现从十几岁到五十几岁各个职业的常雇、日雇劳动者92人中有51人会接触到报纸，同时购买这两份报纸的人多达7人。接触的人数具体来说：《大阪每日新闻》23人，《大阪朝日新闻》17人，《大阪日日新闻》5人，《大阪时事新报》1人。仅《大阪每日新闻》和《大阪朝日新闻》这两大报纸的读者，就

---

[1]　竹村民郎《笑乐谱系——都市与休闲文化》(同文馆，1996)，第225—227页。

[2]　津金泽聪广《宝冢战略》，第46—48页。

占了全部订阅者的九成以上。[1]

此项调查说明，大阪的报纸，不限于中产阶级，在劳动阶级之间也广为传播。根据1927年（昭和二年）内务省的调查，《大阪朝日新闻》《大阪每日新闻》的发行量，达到了126万和117万。这个数字远超在东京发行的《东京日日新闻》（45万）、《东京朝日新闻》（40万）、《报知新闻》（25万）等报纸的发行量。[2]此项调查足以说明，大阪新闻报刊业比东京发达，东京存在大小报纸共存的局面。

民众之上

关于大阪新闻报刊之发达，小林早在1916年（大正五年）就有所感言。

（引者注：在大阪）将《大每》《大朝》两大权威报纸置之度外，知事、市长、府会议员、实业家等都将无所作为。现在的大阪正经受着新闻报纸的暴力专政。当然这是以后的

---

[1]　山本武利《大众传媒论》（《岩波讲座日本通史》第18卷［岩波书店，1994］，第301页）。

[2]　山本武利《近代日本的报纸读者层》（法政大学出版局，1981），第412页。

事情。《大每》《大朝》的发达，和大阪市民的发达一样，不受官僚的保护，也不为政治家所用，也不利用任何人。它只是作为商品，被大多数顾客普遍接受。（中略）可以说，以民众为基础的新闻王国专制时代的到来，绝非偶然。(《新闻王国专制的大阪》)[1]

　　这里还是把东京和大阪进行了对比。和"为政治家所用"的东京报业相对，《大阪朝日新闻》和《大阪每日新闻》两大报纸，是以"民众为基础"发展起来的。小林认为，包括中产阶级和劳动者在内，以民众为基础的"新闻王国"势力正在日渐加强。这和小林把大阪与"政治中心"东京比较，将其当作"民众的大都会"的观点一致。

　　小林又指出，大阪"没有和以民众为基础建立起来的新闻报纸对抗的良策。即便有官权，也只不过是一时之功"[2]。把这里的"新闻报纸"换成"私铁"，"官权"换成"铁道院"和"铁道省"，正好可以说明当时以箕有电轨为首的关西私铁和国铁的关系。

　　大正时期的大阪，民众作为"私铁王国"和"新闻王国"的基础，促进了这两大势力集团的形成。小林很早就预见到了这股

---

[1] 《小林一三全集》第6卷，第206—207页。

[2] 同上，第209页。

新兴大众媒体的社会影响力，并最大限度地加以利用。

3. 沿线文化的确立

日本第一的海滨度假地 —— 滨寺海水浴场

从明治时期到大正时期，为铁道沿线形成崭新的生活文化及余暇文化做出贡献的，不止箕有电轨。此时开通的关西私铁，为了和国铁及其他私铁抗衡，不满足于单纯铺设铁道轨道。他们还制定了争取乘客的经营战略，"私铁王国"的雏形，从整体上得以成立。下文将探讨，截止到大正末期，各私铁的具体发展战略。

首先是南海铁道。和箕有电轨把终点站建在宝冢相对应，连接难波和和歌山市的南海，很早就注意到了沿线的滨寺。滨寺直到明治中期，都不过是一片面向大阪湾的寂寥的松树林。然而，以1897年（明治三十年）南海的滨寺（现滨寺公园）站建成为契机，由南海出资筹建的游乐场、食堂、海滨浴场、公会堂等设施，一一落成。

其中值得注目的是，南海和大阪每日新闻社联手，于1906年（明治三十九年）建造了滨寺海水浴场。2年后又建成了滨寺公会堂。[1]南海也和箕有电轨一样，早早注意到了媒体的巨大作用。

滨寺逐渐发展成为日本第一的海滨度假地。南海和大阪每日新闻社一道，向大众，特别是大阪市内商家的店员宣传海水浴有益于健康。[2]在那之后，滨寺海岸举办了多种体育活动。滨寺公会堂则邀请了志贺重昂（1863—1927）、新渡户稻造（1862—1933）等著名人物进行学术演讲。1914年（大正三年），南海在终点站难波附近的千日前建成了地下1层、地上3层的娱乐宫殿"乐天地"。

新世界

1912年（明治四十五年），阪堺电气轨道被南海合并前，向堺市借用了第五届国内劝业博览会会场大滨公园，接着建成大滨公会堂，之后又筹建了大浴场和食堂一体的"大滨夕阳浴场"。这些设施和附近的大滨海水浴场一样引人注目。同年8月，连接沿线的宿院和大滨海岸的大滨支线开通，又吸引了很多新乘客。

同年7月，在沿线的惠美须町村附近，阪堺电气轨道在国内劝业博览会会场西侧，兴建了大众娱乐场所"新世界"。

---

[1] 《南海电气铁道百年史》，第197—198页。

[2] 竹村民郎《笑乐谱系》，第128页。

新世界的中心是仿造埃菲尔铁塔建造的通天阁，北边是半圆形的广场，以广场为中心有3条放射状的道路，这明显是在模仿巴黎。通天阁的南边，是以美国康尼岛为原型建造的月神公园游乐场。通天阁和月神公园由缆车索道相连。新世界以欧美的城市及游乐场为原型建造。阪堺电气轨道旨在建立面向中产阶级家庭、设施齐全的游乐场。新世界和宝冢不同，逐渐变成了大阪市内劳动者和商人聚集的步行街。[1]

阪堺沿线的这些设施，是和同向运行的南海激烈竞争的产物。但是，两者之间也有相通之处，新世界和乐天地的相似性很好地证实了这一点。乐天地自不必说，就连当初以摩登娱乐地为目标的新世界也继承了"南部"传统的一面，和女性及儿童聚集的箕有电轨的宝冢相比，这两个地方吸引了大量商人和工厂劳动者前来造访。

1915年（大正四年），阪堺并入南海之后，两者一道打造了属于它们的沿线文化。

香栌园和甲子园

下文将介绍连接梅田和三宫的阪神电气铁道，以及连接天满桥和五条（1915年通到三条）的京阪电气铁道。

---

[1]　竹村民郎《笑乐谱系》，第90页。

首先是阪神经营的香栌园。1907年，香栌园作为主题公园开园。这里除了有阪神直营的动物园和博物馆外，还在旁边建成了海滨浴场。阪神为了运送乘客，特意兴建了香栌园站。遗憾的是，香栌园在1913年停止运营。歇业的原因在于，沿线成功经营了租赁房屋等，增加了以定期客人为主的固定垂客，因此没有必要再插手"副业"了。[1]

之后的1918年，民间土地公司大神中央土地株式会社成立，开始正式把旧香栌园的土地作为住宅用地开发。1922年，从兵库县拿到旧支川的河川沿岸出让地，大神公司决定把这80万平方公里的广大土地，开发为后文将要提到的、以棒球场为主的体育中心及高级住宅地。这个地方，后来成了有名的"甲子园"所在区域。[2]

另一方面，京阪于1910年开通。和阪神同样，它也在沿线的香里建了游乐场，但是并没有足够的魅力吸引游客来访。同年10月到12月，游乐场举办了菊花人偶[3]展。第二年也举办了，但是因为观看的游客减少，游乐场不得不被废弃。香里园作为住宅地被重新开发。[4]

---

[1]　《阪神电气铁道八十年史》，第114—115页。

[2]　同上，第164、169页。

[3]　用菊花装饰的人偶，一般和真人一样大。——译注

[4]　《铁道五十年》（京阪电气铁道株式会社，1960），第92—95页。

116

阪神也好，京阪也罢，或许是因为开通了连接大阪和神户、京都等大城市之间的联络电车，所以没有像箕有电轨那样热衷于开发新客户。香栌园和香里园，都没有成为如宝冢一般的大型娱乐中心。两家公司把精力放到了沿线住宅地的开发上了。

值得特别说明的是，1916年，阪神在鸣尾的赛马场内建造了棒球场。之前在丰中举办的中学棒球大赛，开始在鸣尾举办。在1924年（大正十三年）甲子年，能容纳6万人的大型体育场——阪神甲子园球场，顺利完工。为了方便观众来访，阪神特意建造了甲子园车站。于是，大赛移至此地举办，中学棒球比赛在全国人气大涨，棒球也成为日本流行的竞技项目。[1]

与此相对，连接上本町和奈良，1914年开通的大阪电气轨道，直到大正末期都是运送访问奈良乘客的主力，没有开发沿线住宅地。到了1925年，终于开发建设了沿线的小阪、长濑、生驹住宅地。翌年，把奈良县生驹郡的菖蒲池改造为花菖蒲的著名景点。菖蒲池是从奈良时代流传下来的名字。大阪电气轨道在此处建成了以这个池塘为中心的菖蒲池游乐场。[2]

---

[1]　竹村民郎《笑乐谱系》，第233页。

[2]　《大阪电气轨道株式会社三十年史》（大阪电气轨道株式会社，1940），第441—446页。

反观浅草

如上所述，一直到大正末期，在以大阪为中心的关西地区，由于私铁蓬勃发展，沿线产生了各式各样的生活文化和余暇文化。大正时期的大阪，和同时期快速发展的新闻业联手，打造了同时代的东京难以见到的"私铁王国"。

大阪市社会部调查课1923年编纂的《余暇生活研究》报告书很好地说明了这一现象。报告书有一章为"郊外电车和余暇利用"，通过考察关西五大私铁对余暇生活的影响，揭示了二者之间密切的关系。[1]

报告书以私铁沿线的宝冢新温泉和少女歌剧团，堺市的大滨公园、鸣尾球场，香栌园的海滨浴场等娱乐场所为例，加上在报告书中被称为"民众娱乐中心地"的千日前的乐天地和新世界，几乎网罗了当时私铁开办的所有娱乐场所。那么，同时期的东京又是什么情况呢？小林一三在一篇比较大阪和东京娱乐场所的文章中写道：

> 东京老百姓最爱去的地方是浅草。大阪有道顿堀、千日前，以及南边的乐天地。郊外有滨寺，还有我们开办的宝冢。

---

[1] 《生活经典丛书第8卷：余暇生活研究》（光生馆，1970），第199—205页。

阪神沿线也有甲子园等地，可供知识分子和年轻人游玩。与此相比，东京仅有浅草。（中略）但是这个浅草怎么说呢，有点下等。这么说或许太绝对，但确实是级别太低，有良好家世和教养的人，都不会去浅草。[1]

和《余暇生活研究》一样，小林在书中不仅论及了宝冢，还提及乐天地、滨寺、甲子园等别家私铁经营的文化设施。他在其中正确指出——正是和别家私铁携手合作，才形成了现在的"私铁王国"。

大正时期的大阪，随着私铁的发展，中产阶级家庭的女性和儿童、中学生、商人、工厂劳动者等不被国家重视的大众群体聚集的空间被有意识地建设起来。虽然代表"北部"文化的箕有电轨和代表"南部"文化的南海有所不同，但二者在把大众当成目标这一点上，却是惊人的一致。

与此相对，同时代的东京，私铁还不十分发达，老百姓能去的游乐场"仅有浅草"。在大阪，和浅草的十二阶（凌云阁，关东大地震时被损坏）、花屋敷相对应的是新世界和乐天地。[2]但是与

---

[1]　《小林一三全集》第3卷，第140—141页。

[2]　关于浅草的十二层、花屋敷，与千日前的乐天地、新世界的比较，权田保之助《民众娱乐问题》（《权田保之助著作集》第1卷［文和书房，1974］，第247—248页）有较有远见的论述。据此，浅草的十二层、花屋敷，"从浅草（转下页）

新世界和乐天地不同，十二阶和花屋敷都不是私铁开办的。更何况在东京还没有能与宝冢、滨寺、甲子园相媲美的场所。小林所说的"有良好家世和教养的人"能够游玩之地，至少在大正时期之前的东京都不存在。这和东京的铁道网是以国铁为中心建成的密不可分。

另外，1925年（大正十四年）3月到4月，为纪念后文将提到的大大阪市诞生和大阪每日新闻社第1500期的发行，由大阪每日新闻社主办、大阪市协办的"大大阪纪念博览会"召开。会场定在了曾举办第五届国内劝业博览会的天王寺公园和大阪城。虽然有皇族访问，但是没有天皇和皇后的行幸。以五大私铁为首的关西私铁，接受了大阪每日新闻社的请求，开始贩卖多种乘客优惠券。

第一会场天王寺公园本馆展示厅，共分为27个部门。其中，中央布置了网罗大阪市交通机关的模型地图"交通大阪"展厅。"女性大阪""儿童大阪""运动大阪""家庭大阪"等和私铁的兴起密切相关的展台为数众多。[1]这象征着大正时期抬头的私铁和报纸这两大媒体的相互关系。在小林所说的"新闻王国"大阪召

（接上页）整体来说，占第三、第四位，很少得到公众的认可。其经营也绝不是什么大买卖，只是赚些小孩子的钱"，而乐天地和新世界的月神公园则是"睥睨业界，无论是专属剧团，还是电影、艺人、无声电影解说员，都是一流的人才。浅草的十二层、花屋敷无论如何都望尘莫及"。

[1] 《大大阪纪念博览会志》（大阪每日报社，1925），第122—389页。

开的大大阪纪念博览会，起到了介绍这个时期形成的"私铁王国"具体内容的作用。

阪急更名及神户线开通

话题回到"私铁王国"的中坚力量箕有电轨。

1918年（大正七年）2月，箕面有马电气轨道更名为阪神急行电铁，阪急由此诞生。不难想象，箕有电轨"从名到实"都失去了路面电车延长"轨道"。这里需要注意的是，当时私铁商号加上"急行""电铁"的情况，还很罕见。虽然到昭和时期，有小田原急行铁道（现小田急电铁）、东京横滨电铁等，但在大正时期，这是第一次。

铁道省和内务省对阪神急行电铁的名称表示了不满。两个官厅联合，对大阪、兵库县知事下了通牒。要求根据行政指导，适当变更商号。也就是说，收到《轨道条例》（1921年修订为《轨道法》，1924年施行）的特许之后，应该称为轨道。但是，商号变更属于申报事项，表面上不容监督官厅置喙，所以阪急没有服从，依然使用原来的商号。[1]小林不轻易屈从于"官"的思想，这里

---

[1]　加藤新一《阪神急行电铁新京阪铁道的运输与经营》（《铁道画报》521号，1989，第61—62页）。

也鲜明地体现了出来。

1920年7月，连接梅田和神户的神户线、连接神户线冢口和伊丹的伊丹支线同时开通。这些轨道也和旧箕有电轨宝冢线一样，根据《轨道条例》铺设，但实际上全线都采用了专用轨道。

神户线第一次被允许以35英里（约56公里）的速度行驶，这比之前私铁的最高时速25英里（约40公里）还要快。[1]这是高速运行时代的开幕，也是字面意思上阪神急行电铁的诞生。六甲山麓少弯道，神户线电车比并行的阪神站数要少，小林感叹"漂亮又快速，车内不拥挤而且凉爽，窗外风景旖旎"，大力宣传乘车的舒适度和沿途的美景。[2]

神户线和伊丹线开通之后，一直到大正末期，阪急都在陆续开设新线。1921年，连接神户线西宫北口和宝冢的西宝冢线，1924年同连接神户线夙川和甲阳园的甲阳线分别开通。1926年，连接西宫北口和今津的今津线开通，西保线也改称为今津线。这样，除了京都线及其支线，现在的阪急铁道网，到了大正末期已基本成形。

---

[1] 加藤新一《阪神急行电铁新京阪铁道的运输与经营》。

[2] 《七十五年的历程》记述篇，第19页。

"阪急文化圈"的扩张

不仅如此，以神户线为首的新线开通，意味着第一章谈及的宝冢线沿线的"郊外乌托邦"在阪急沿线诞生。这些新线开通的同时，阪急推进了六甲山麓沿线住宅地的开发，比如神户线的冈本和今津线的甲东园等。直到大正末期，在沿线十余个地方，相继开发了住宅地。[1]

当然，阪急沿线的住宅地，不仅有从大正末期到昭和初期民间土地公司建造的住宅地，比如大神中央土地株式会社开发的神户线夙川站周边，以及株式会社六麓庄开发的芦屋六麓庄等；而且，根据《耕地整理法》修订的区划整顿工程，也包含了据此建造的住宅地的开发。[2]这些住宅地，比阪急开发的住宅地质量还要好。这点从六麓庄的宣传语里可以看出。

一区划以300—400坪为标准，尽量依托自然地形。比如把从山上流经此地的水引为小河。在蓄水池以及横穿道路的河流上架桥，从高往低依次命名为羽衣瀑布、云溪桥、红叶

---

[1] 津金泽聪广《宝冢战略》，第92页。

[2] 坂本胜比古《郊外住宅区的形成》（"阪神之间的现代主义"展览会执行委员会编《阪神之间的现代主义》[淡交社，1997]，第30—42页）。

瀑布、红叶桥、月见桥、落合桥、刃谷桥、清见桥等。另外，作为特色，当时介绍书中还写道："青松绿树覆盖了全部区域，杜鹃花、胡枝子掩映其间，古色庭石散在各处，其自然风致宛若一座大庭园。"上水道是在建筑用地的最高处建成贮水池，下水道则埋设了休谟管[1]，而且还导入了都市燃气。电线杆煞风景，所以不惜斥巨资，把电线埋入地下。进行了包括道路保养和出于美观考虑的全面道路铺装，并铺设人行道，做足了安全防护。除此之外还有游乐场、网球场、儿童运动场等设施。[2]

这仿佛让人想起了第一章第二节中提到的《细雪》的场景。"中产阶级乌托邦"的终极理想，在这里表现得淋漓尽致。这也反映出，在民间土地公司的帮助下，从池田室町开始的"阪急文化圈"，扩大到了六甲山一带。

---

[1] 指利用离心力成型的钢筋混凝土管，以发明人休谟的名字命名。——译注
[2] 坂本胜比古《郊外住宅区的形成》。

4. 反官思想的成果 —— 阪急百货商店

梅田—十三间的多线化

1926年（大正十五年）是大正最后一年。这年7月，梅田终点站改修，地面站台上搭设了高架电线桥。与此同时，在梅田和宝冢线、神户线的分歧点十三之间，也搭建了高架桥，开始多线运行（参照第135页插图）。

在向乘客开放之前，位于梅田和十三之间的中津站举行了开通仪式。开通仪式上，小林之外，还有大阪市长关一（1873—1935）及管辖当时关西地区的铁道省地方机关铁道局神户铁道局局长等约400人出席了仪式。[1]铁道省相关人员出席了开通仪式，这点值得注意。

梅田—十三间的多线化，意味着在之前提到的"北野跨线桥"上通行的阪急电车迅猛增加。根据当时的时刻表，东海道本线的列车数，上下合计平均1小时4辆左右。

与此相对，宝冢线每4分钟或8分钟，神户线也是每4分钟或8分钟就有电车运行。1小时上下合计40辆电车，运行量相当于东海

---

[1] 《大阪朝日新闻》，1926年（大正十五年）7月4日。

道本线的10倍，并从东海道本线上方的高架桥通过。[1]

这也能看作大阪"民"占优势地位的局面在视觉上的体现，更是小林一直坚持的战略方针。而当时的东京，仍然没有一家私铁能从东海道本线上方通过。由SL[2]牵引的火车上方，高性能电车频繁行驶的场景，正象征着"私铁王国"大阪的局面。

高速时代

1930年（昭和五年），阪急开始运行连接梅田与神户、用时30分钟（翌年28分钟）的特快电车。当时，东海道本线的普通列车，在大阪到三之宫之间行驶，所需时间约为45分钟。1928年，大阪天神桥（现天神桥筋六丁目）和京都西院之间开通了新京阪铁道。1930年，天王寺和东和歌山（现和歌山）之间开通了阪和电气铁道。这些铁道能运行比特快还要快的超特快电车，最初不是依据《轨道法》，而是依据《地方铁道法》得到了许可。此后，时代进入昭和，这也意味着关西私铁，进入了真正意义上的"高速时代"。

---

[1] 《火车时间表》，1926年（大正十五年）7月。

[2] 即蒸汽火车，日本用Steam Locomotive的首字母来称呼蒸汽汽车或由蒸汽车牵引的火车。——译注

由此，关西私铁的速度和用时，基本和现在相同。比如，阪急神户线特快的速度，和现在连接大阪梅田和神户三宫、用时28分钟的神户线特快相差无几。阪和电气铁道超特快的平均时速为81.6公里，和现在JR阪和线特快"黑潮"的速度相差无几。

1930年，某位大阪市民就此评论道：

> 速度竞争近年特别显著。可能是电车刚好按字面意思走在速度时代的前列。以新京阪的超特快为首，到处都是特快。阪急阪神间，只停一站的快速火车速度惊人。（中略）现在的世道就是速度、速度，无论如何都要快。这个竞争还会持续下去。[1]

这里需要注意的是，虽说"到处都是特快"，但这种速度竞争其实还只存在于关西的私铁之间，并不适用于关东的私铁。当时的关东私铁，特快也就只有连接浅草（现东京天空树）和东武日光的东武一条线路，更遑论超特快了。

比如，1930年，京王电气轨道（现京王线）的新宿站前和东八王子（现京王八王子）间只有用时1小时10分的普通列车，武藏野铁道（现西武池袋线）的池袋和所泽之间也只有普通列车，

---

[1] 下田将美《郊外电车的竞争》（《大大阪》第6卷第8号，1930，第35页）。

用时43分，比现在慢很多。这和当时快速发展的关西私铁形成了反向对比。

"我很高兴"——阪急百货商店开业

以神户线为首的新线开通，加之随着多线化而来的电车数量增加，阪急梅田的上下客流量大幅增加。1927年（昭和二年），小林从专务升为社长，从名到实都成为阪急的经营者。由于客流增加，小林计划在梅田终点站附近，兴建一家真正意义上的百货商店。对此，他写下了如下感想。

> 我们阪神急行，每天有十二三万乘客。当然并不是每个乘客都会买东西，但总有人想买包烟、吃个午饭。从车站驾车去周边的百货商店，不如在这里新开一家能满足他们需求的百货商店。（《事业——东京型和大阪型》）[1]

此前，大阪的百货商店，有大丸、三越、高岛屋、十合（现崇光百货）、松坂屋等。这些老牌百货商店都以和服店起家，位于心斋桥、北滨、长堀等市中心地区，从梅田去的话，要换乘市电

---

[1] 《小林一三全集》第3卷，第96页。

或者巴士，渡过旧淀川。小林试图在梅田截住这些分散的客流。

1920年（大正九年）11月，梅田站相邻的阪急大厦竣工，阪急把它租给了白木屋，贩卖日用杂货。1925年，白木屋合约到期，直营商铺阪急MARKET[1]正式开业。1929年（昭和四年）4月，完成了对阪急的第一期改装，建成了地上8层、地下2层的新阪急百货商店。日本最早、建在地铁车站的百货商店，在阪急梅田诞生了。[2]

阪急百货商店顺理成章地成为梅田终点站的大门，是阪急推广的生活、消费文化大本营。明治末期就开始在沿线构建的"阪急文化圈"得以完成。相比高级和服店，这里主要贩卖杂货、日常用品、食品等，以女性与儿童为主要客户群体。最上层是阪急食堂。食堂可以只点米饭，配以福神酱菜[3]。这就是有名的"沙司米饭"，它也成了百货商店的一张名片。[4]

从这里可以清楚地看到大阪站。当时的大阪站，还是1901年

---

[1]　原文为"阪急マーケット"，本文所取"阪急MARKET"的译法来源于阪急官网中文介绍。https://www.hankyu-dept.co.jp/fl/chinese-01/honten/about/index.html，2022年2月11日阅览。——译注

[2]　《京阪神急行电铁五十年史》，第168页。

[3]　福神酱菜，又称什锦酱菜。先把萝卜、茄子、藕等切好用盐腌渍，脱盐后放入料酒和酱油中腌渍而成的酱菜。——译注

[4]　《实记百年大阪》，第738页。

（明治三十四年）改建的地上式站台。站前狭窄，蒸汽车的煤烟污渍随处可见。"大阪站是大城市里最旧最破的站台。"[1]新落成的阪急百货商店，使阪急梅田的面貌焕然一新。同时，它似乎也在俯视着一成不变的地上大阪站的站台。接着，梅田阪急大楼第二期、第三期增建工程开始，在施工之前，小林吐露了自己的心声。

　　　　梅田站改建工程竣工不久，阪急就独自巍然耸立在新梅田站前的广场上。想到这里，说句老实话，我非常高兴，这是大阪标志性的繁华之地。（《彼时，此时》）[2]

　　不把国铁大阪站放在眼里，"凭借一己之力"不断发展的阪急即箕有电轨成立以来，小林一贯的反官思想，终于开花结果。

　　实际上，1929年11月5日调查的关西主要车站上下乘客数量，阪急梅田为65522人，仅次于南海难波的78238人，远远超过了东海道本线、城东线、西成线、福知山线等大阪国铁总数的38122人。[3]尽管当时世界经济正不景气，但是百货商店的客流量却保持着良好态势。

---

[1] 《郊外电车集中在大阪站》（《大大阪》第6卷第7号，1930，第101页）。

[2] 《小林一三全集》第3卷，第239页。

[3] 沟江五月《梅田及难波站前整顿引发的该地区街道交通拥挤的缓解之策》（《大大阪》第6卷第8号，1930，第54—55页）。

之后，南海在难波建了高岛屋南海店（现大阪高岛屋），大轨在上本町建了大轨百货商店（现近铁百货上本町店）。关西私铁终点站的扩张、扩建，有条不紊地进行着。所有这些商店，都以梅田的阪急百货商店为模版建造。1914年，面朝宫城方向，建起了红砖外墙的东京站丸之内站内大楼。与此相对，象征"私铁王国"中心的终点站大楼，在昭和初期的大阪，陆续拔地而起。[1]

---

[1]　这些终点站经过多次改建，直到战后，一直象征着各私营铁道的"颜面"。藤田实说道："即便到了电车时代，阪急的梅田站、近铁的上本町站、南海的难波站，这些车站长长的站台上，力学结构优美的钢架天花板，形成了好几个拱形的波浪，仍然引人注目。"（《关西私铁王国私观》，第74页）那情景就像巴黎的圣拉扎尔站、伦敦的维多利亚站一样。据说其中最气派的是"从正面看、现在已经没有了的近铁上本町站的景观"（同上，第76页）。

拥有自己理念的经营者小林一三

图片来源：讲谈社写真资料室

箕有电轨梅田站位置

图片来源：根据《七十五年的历程》记述
篇第9页图绘制而成

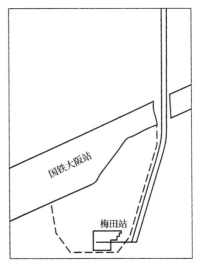

国铁大阪站

梅田站

宝冢新温泉全景。从右依次为大歌剧院、大食堂、纳凉台、大浴场、中剧场

图片来源：明信片，讲谈社写真资料室

滨寺海滨浴场

图片来源：明信片，讲谈社写真资料室

通天阁全景

图片来源：明信片，讲谈社写真资料室

134

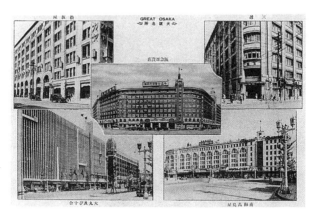

"大阪名胜"百货商店。阪急百货商店位列中央，顺时针方向从
右上依次为三越、南海高岛屋、大丸与十合、松坂屋

图片来源：明信片，讲谈社写真资料室

耸立在天六（大阪市北区地名）的新京阪大楼威容

图片来源：明信片，讲谈社写真资料室

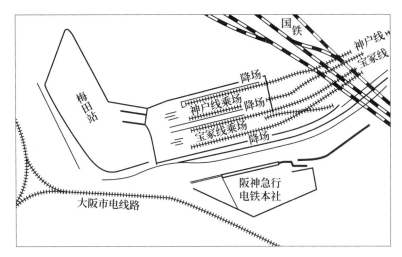

高架多线化的梅田站

图片来源：根据高山礼藏《私铁终点站概史——关西篇》(《铁道画报》463号，1986，第49页)
插图绘制而成

相关年表 III

1924年（大正十三年）	8月	阪神甲子园球场竣工
	10月	阪急甲阳线开通（夙川—甲阳园）
1925年（大正十四年）	3月	大大阪纪念博览会（持续至4月）
	4月	大阪市合并临近44町，大大阪诞生，人口、面积超过东京，成为日本第一
	5月	裕仁皇太子行启大阪
	6月	直营阪急MARKET开业
	11月	山手线上野—神田间开通，开始环状运行
	12月	东海道本线东京—国府津间电气化
1926年（大正十五年）	6月	大轨菖蒲池游乐场开园
	7月	阪急梅田终点站从地上车站变为高架桥车站，和十三之间变成多线运行
	10月	御堂筋扩张工程开始
	12月	阪急今津线开通（西宫北口—今津），西宝线改称为今津线 大正天皇驾崩，裕仁皇太子践祚，改元昭和
1927年（昭和二年）	3月	小林一三从专务到社长，从名到实都成为阪急的经营者
	4月	小田急在新宿建成终点站
	8月	东京横滨电铁在涩谷建成终点站
	9月	参宫急行电铁（参急）作为大轨的姊妹公司成立
	11月	经内务府调查得出结论，《大阪朝日新闻》发行量为126万，《大阪每日新闻》发行量为117万
	12月	东京地铁开通（浅草—上野）
1928年（昭和三年）	4月	西武在高田马场建终点站
	7月	大阪市在报纸上发布作为御大典纪念事业的大阪城天守阁复兴计划

	10月	大阪举办大礼奉祝交通电气博览会（持续至11月）
	11月	新京阪铁道开通（天神桥—西院） 昭和大礼
	12月	三浦周行发表"难波津和皇室"演讲
1929年（昭和四年）	3月	大阪市长关一宫中参内，向昭和天皇进讲大阪市发展
	4月	德富苏峰成为大阪每日新闻社特约记者 阪急百货商店完成，地上8层，地下2层
	5月	鱼澄惣五郎发表《皇室和大阪》
	6月	国铁大阪站内高架改建工程低调开工 德富苏峰发表《奉迎今上天皇陛下》 昭和天皇行幸大阪，寻求"官民协力奋励"
	12月	东京站八重洲口建成
1930年（昭和五年）	4月	阪急开始运行梅田—神户间用时30分钟的特快
	6月	阪和电气铁道开业（天王寺—东和歌山）
	9月	京阪电铁和新京阪铁道合并
	12月	参急的青山隧道开通，大阪、伊势由一条轨道连接
1931年（昭和六年）	2月	阪神在三宫附近着手地下工程（1933年6月开通）
	6月	铁道省大阪铁道局向阪急发出"8项通知"，成为阪急十字路口问题的导线

第四章　昭和天皇的登场

1. "大大阪"的诞生

昭和天皇的皇太子时代

前一章主要谈及大正时代以大阪为中心的关西地区确立的"私铁王国"的具体形态，这种形态主要通过箕有电轨和阪急实现。同时，对高速列车和地铁站商圈的建设以及它们在昭和初期的发展也有所涉及。

但是，这里还有一项重大事实被埋下了伏笔。1926年12月25日，长期卧床疗养的大正天皇在叶山行宫死去，裕仁皇太子作为天皇正式即位。昭和天皇作为新天皇登场，会对后文将要叙述的大阪历史产生深远的影响。

其实早在皇太子时代，昭和天皇就曾3次访问大阪市。第一次访问是在1916年4月，皇太子参观了大阪造币局、大阪城内第四师团司令部、大阪炮兵工厂等场所。当时的裕仁皇太子年仅十四岁，还在东宫学问所学习，这次行启是作为皇太子教育的一个环节施行的。

皇太子对大阪的第二次访问是在1919年11月，目的是参观大正天皇统监的兵库县陆军特别大演练。由于这次行启的主要目的是参观军事演练，所以沿途访问大阪市以及出席城东练兵场举行的阅兵式不过是皇太子一行在大演练结束之后的顺道之举。因此，无论是第一次还是第二次，皇太子都几乎未跟市民有过接触，虽然皇太子访问了大阪，但不得不说这两次访问带来的影响极其有限。[1]

大阪市的城市扩张

与此相对，皇太子在1925年5月19日以地方视察为目的对大阪市进行的访问就显得更为重要。为了对昭和改元一年前进行

---

[1]　另有一次行启，裕仁皇太子不是去大阪市而是去大阪府地区，那就是1917年5月的奈良、大阪巡启。该巡启也是皇太子在东宫学问所学习的一个外出考察项目。皇太子从住地奈良，前往大阪府，乘坐了关西本线及通过该线的天王寺、柏原连接的南海铁道、河南铁道（后来的大阪铁道，现近铁路明寺、南大阪、长野线）的列车，访问并参拜了允恭、应神、孝德、推古、用明、仁德、反正、后村上天皇陵，住吉大社，滨寺公园，大鸟神社等场所。

的大阪行幸进行说明，有必要先提及同年4月实行的大阪市城市扩张。

由于第一次世界大战之后工商业的发展促进了人口增长，当时的大阪市基本处于饱和状态。"原先的大阪市市区已经无法满足居民的生活出行。"[1]为了打破这种局面，将在后文提及的市长关一提出了相应的城市规划。这次的城市扩张，被作为市长提出的城市规划的一个环节进行构想。

对于这个计划，大阪府也表示理解，并和大阪市一道请求内务府把大阪市周围的西成、东成两个郡编入大阪市。[2]东成、西成这两个郡保留着大片农村土地，内务府本打算只把已经城市化了的地区编入大阪市，所以在一开始表示比较为难。不过这个计划最终还是在1924年11月通过了审批，大阪市得以在1925年4月实现了城市扩张。

此轮城市扩张，东成、西成两个郡的44个町、村全部编入大阪市。大阪市市区从原来的55.57平方公里大幅扩展到了181.68平方公里，人口也从原先的133万人激增到210万人，超越了关东大地震后人口锐减的东京市。这令大阪在面积、人口上都成了日本

---

[1]　关一《皇太子殿下行启一周年之际》(《大大阪》第2卷第6号，1926，第2页)。

[2]　芝村笃树《解说》(关一研究会编《关一日记》[东京大学出版会，1986]，第993—994页)。

第一的大都市。[1]"大大阪"就此诞生。

为了纪念这次城市扩张，大阪市和大阪府向宫内大臣和宫内省东宫职请求裕任皇太子行启，"幸得准诺"[2]，皇太子决定当年5月同时访问京都和大阪。因为当时的皇太子代替了因病完全无法履行公务的大正天皇成为摄政宫，所以这次行启事实上可与天皇的行幸相匹敌。

1925年的大阪行启

同年5月15日，皇太子一行从东京出发，乘坐御召列车经东海道本线，于当日抵达京都。皇太子下榻京都御所，在参观完京都周边的桃山御陵和京都帝国大学（现京都大学）之后，于19日进入大阪。皇太子在大阪站换乘事先准备好的汽车，通过淀屋桥、北滨进入一条贯穿大阪南北的街道"堺筋"，再由这条大街一直南下驶向被定为奉迎会场的天王寺公园。

当时的大阪市内在沿途举行了盛大的"奉迎""奉送"仪式，媒体对此进行了广泛的报道。比如，"皇太子——郑重举手答谢沿途大批整齐列队的军队、归乡军人、青年团团员、学生儿童、宗

---

[1]　芝村笃树《解说》。

[2]　中川望《无上的光荣》（《大阪朝日新闻》，1925年［大正十四年］5月19日）。

教团体的深切敬礼。各团体欢迎人员背后，普通市民无论男女老少都是一大早就满腔热情地排起了长队，他们表示'我们一定要来瞻仰今天的行启'"（《大阪朝日新闻》，1925年5月19日晚报）。当时市中心的盛况，已经可以让人联想到日后皇太子成为昭和天皇之后在此行幸的场面了。

　　不仅如此，广播也报道了此次盛况。虽然大阪正式开始广播报道是在1925年6月1日，[1]但是在这一天的13天前，由大阪放送局和大阪朝日、大阪每日这两家新闻社通力合作，将这种新兴的广播设备安放到了市内各地市民聚集的地方，行启的场景由此得以进行实时转播。

　　另外，19日夜到20日，还是由大阪朝日、大阪每日这两家新闻社主办，分别在大阪北区的扇町公园和中央公会堂播放了记录行启场景的影片。1925年的这次行启，由于大阪这两大新闻社的协助，新兴的大众媒体被正式应用于皇太子的行启报道中，这点也是值得注意的。

　　如上所述，皇太子前往的天王寺公园不仅是1903年召开的第五届国内劝业博览会的会场，是明治天皇访问了8次的地方，同时也是1925年刚刚召开的大阪每日新闻社主办的大大阪纪念博览会的场地。这一年的3月到4月，小林一三口中所谓"民众的大都会"

---

[1]　吉见俊哉《"声"的资本主义》（讲谈社选书专业篇，1995），第198页。

的"私铁王国"大阪，以及举行了象征"新闻王国"大阪之活动的天王寺公园，在5月一跃成为国家级活动的舞台。

"望增进城市之繁荣、市民之福祉"

皇太子入场之前，公园里已经聚集了2万多市民。在此之前，大阪市还命专人特别制作了仿照宫中紫宸殿的宝座[1]。身着陆军中佐军服的皇太子，一到公园就登上了宝座，市长关一代表市民上前诵读了"奉迎之辞"。皇太子随后宣读了如下"御词"。

> 大阪市不仅久为本邦工商业之中心，今又开兴建大都市之先河，予期其大成以望增进城市之繁荣、市民之福祉。(《大阪每日新闻》，1925年5月19日晚报，原文无标点。)

值得注意的是，暂不论演讲内容中还出现了希望大阪"城市繁荣"这样的词汇，哪怕仅仅是皇太子在众人面前现身、在公共场合宣读"御词"这一行为本身就已经颇具意义。

虽然1921年9月从欧洲回国之后，皇太子在东京日比谷公园

---

[1] 原文为"台座"。紫宸殿是日本皇室举行天皇即位等重要仪式的地点。殿中央摆放着天皇的座椅"高御座"，东边为皇后的座椅"御帐台"。此处的"台座"可能指的是"高御座"。——译注

和京都平安神宫大极殿召开的东京市奉祝会及京都市奉祝会上已有过宣读"御词"的先例[1]，但是明治天皇、大正天皇（包括大正天皇的皇太子时代）时代并没有这类事件发生。当时很多大阪市民第一次在现场听到了马上就要登上天皇宝座的皇太子的真实声音。"陛下演说之声朗朗动听，传遍容纳2万人广场的每一个角落。听了这带有皇室威严的御词，很多人不禁感激涕零。"（《大阪朝日新闻》，1925年5月19日晚报）另外，虽然广播没有播放皇太子的真声，但是约一小时之后，由播音员代读了他的原话，以便市民知悉。

对皇太子"御词"心怀感激的不止一般市民。面向皇太子宣读"奉迎之辞"的关一也是其中之一。5月19日，关的日记里，"兴建大都市"以下的皇太子的发言被一字不漏地记录了下来。[2] 一年后的5月，关再次忆起皇太子的行启："作为市民，断不可忘记御词。"[3] 被皇太子寄予厚望，要发展"大大阪"的关的心境，

---

[1]　皇太子在东京市奉祝会上说："听说东京市现在正在探讨如何改善城市设施，希望能取得好成绩，增进市民的幸福和帝都的繁荣。"这句话也可以看作与前面提到的"御词"相呼应。皇太子出现在广大市民面前，这种形式，是由当时的东京市长后藤新平提出的。（以上参照鹤见祐辅编《后藤新平》第4卷［后藤新平伯传记编纂会，1938］，第369—372页。）

[2]　《关一日记》，第547页。关原封不动记录裕仁皇太子的原话："对于实现愿望的市域扩张，想要致力于真正的城市行政的关，这是对自己的许诺。"（黑田隆幸《关一与中马馨的大阪城市经营》［同友馆，1999］，第73页）

[3]　关一《皇太子殿下行启一周年之际》。

到底如何呢？

"英国派" 关一的都市计划论

关一（1873—1935）的简历如下：

关生于静冈县伊豆，长期担任东京高等商业学校（现一桥大学）教授，主要研究交通政策和社会政策。1914年（大正三年），为了把研究成果转化为社会产业，他来到大阪，任大阪市高级助理。关和小林一三一样，都不是纯粹的大阪人。1923年11月，关被任命为大阪第七任市长，是全国少有的学者型市长。之后，他连任三届大阪市市长。1935年（昭和十年）病逝于工作岗位。

从大正中期开始，大阪的城市规划，就主要由助理时代的关一负责。1917年，大阪市成立城市改良计划调查会，关任会长。同时，市里还设置了市区改正部（后城市规划部）。同年，在东京，内务大臣后藤新平发起城市研究会。关这一时期有关城市规划的思考，主要体现在1923年出版的《住宅问题和城市规划》一书中。此书的序文中写道：

> 城市规划的目的，是把我们居住的城市打造为"宜居都市"。改善城市的计划与住宅问题，在内容和实质方面，有不可分割的关系。各国的城市规划不尽相同，也各有特色。各

国的城市规划的特点根植于其国民性和历史性中，大致可以分为两个流派。一派是法国、欧洲大陆以王宫为中心，以城市美观主义、集中主义为导向的城市建设；另一派是英国以家庭为中心的分散主义城市建设。[1]

关又说道："我国在采取新的城市规划的时候，应慎重考虑这个问题。"[2]在"法国派、欧洲大陆派"和"英国派"之中，大阪应以哪种城市规划为参照对象，此处没有明说。但是从原文可以推测出来。为了改善当时大阪市内恶劣的居住环境，建造"宜居都市"，大阪市大力开发郊外住宅地，把住宅地、工作地用交通工具连接起来。为了避免人口过度集中在大城市，有计划地选择将都市分散建设。[3]

"郊外乌托邦"的相似性

他同时也指出："我不认为在一个经济发展良好的国家，已经

---

[1]　关一《住宅问题与城市规划》（学阳书房，1992），第2页。

[2]　同上，第3页。

[3]　芝村笃树《解说》。

存在的大都市或者近期兴起的大都市会消亡、缩小。"[1]关不主张一味遵循英国的田园都市模式，进而否定大城市本身的存在。他强调"城市规划及地方规划，在涉及城市未来发展之时，应充分体现田园都市思想"[2]，肯定了田园都市构想是城市规划的重要组成部分。

也就是说，关的城市规划论，相比于"法国、欧洲大陆以王宫为中心，以城市美观主义、集中主义为导向的城市建设"，更倾向于"家庭分散主义风格的英国"。这也是小林一三打造阪急沿线"郊外乌托邦"的理论来源之一。

对于在大阪市内建有多个终点站的关西私铁，关称赞道："现今，郊外电车线对分散市内人口做出了很大贡献。近年住房困难，沿线居民显著增加。"[3]另一方面，他又指出："随着大阪城市地域的发展，还需铺设几条放射状的铁道。"[4]若要实现关理想中的"分散主义都市建设"，仅靠大正末期远比东京发达的关西私铁铁道网还不够，必须进一步发展私铁。

昭和初期，新京阪铁道、阪和电气铁道相继开通，正是回应

---

[1]　关一《城市规划新立法》（关秀雄编《城市政策的理论与现实》，1936，第142页）。

[2]　同上，第143页。

[3]　关一《住宅问题与城市规划》，第139页。

[4]　同上。

了关的诉求。后文将要提到的市营高速铁道，也是作为补充私铁铁道网的线路而规划建设的。

后藤新平如是说

关担任会长的城市改良计划调查会，1919年（大正八年）发布了《大阪市区改正部案》。此案于同年末在大阪市议会上正式通过。

《改正部案》以关的城市规划论为基础，主要涉及两点内容。一是大阪市内的铁道，包括当时在地面轨道运行的国铁，都应建到地下或高架桥；二是市内42条街道的新建和扩张，82座桥梁的改建等。后文将要提到的御堂筋扩张计划也是其中之一。改正计划在1920年1月《城市规划法》施行后，正式被政府许可，之后由于财政危机不得不缩小预算。但即便如此，也实现了"第一城市计划工程复兴"。

1923年关就任市长，在他的英明领导之下，大阪的市区面积得以扩张。至此，他酝酿多年的城市规划，终于迎来黎明。大阪不日将成为足以让东京仰慕的地方自治标兵。

后藤新平是东京城市规划的核心人物。他1920年担任东京市长，在关东大地震后成为帝都复兴院总裁。毕生致力于实现帝都复兴计划，但以失败告终。后藤在大正最后一年的1926年说道：

我素来欣赏大阪远高于东京的市民自治生活。（中略）发达的城市基础设施建设等印证了大阪市良好的自治环境。东京需以大阪为榜样。大阪市民不是空谈家而是实干者，热衷于都市建设。[1]

1925年，一向对城市规划感兴趣的裕仁皇太子访问大阪。他和后藤一样，称赞了"大阪市良好的自治环境"及"热衷于都市建设"。[2]皇太子行启的一年后，关又说道，"大阪市民有值得自豪的自治历史，更有完成大大阪建设的精神力量"，"30年后，陛下的旨意定会实现"[3]，关非常清晰地认识到了大阪的这种特征。

到了昭和时代，和大阪渊源颇深的新天皇，开始正式视察这个日本国内城市规划进展最快的城市。与此同时，在原本是合理主义的关的头脑中，"望增进城市之繁荣市民之福祉"的裕仁皇太

---

[1]　后藤新平《对大阪市民的希望》（《大大阪》第2卷第2号，1926，第2页）。

[2]　据御厨贵《20世纪的日本10：东京》（读卖新闻社，1996），第36—38页报道，裕仁皇太子（昭和天皇）对城市规划的关注非同寻常。战后天皇在记者招待会上，高度评价了后藤的震灾复兴计划。同时也表示，对于没有充分执行到最后感到遗憾。作为青年时代受影响最深的书籍之一，天皇还列举了后藤的理论智囊——美国政治学家查尔斯·比尔德（Charles Austin Beard）关于城市规划的实践性建议书《东京市政论》。在从这个时期到昭和初期天皇对大阪日益关心的背景下，当时后藤似乎也有一个基本的认识，即在东京尚未充分进行的城市规划，正在大阪稳步推进。

[3]　关一《皇太子殿下行启一周年之际》。

子，也就是后来的昭和天皇，所占的重要性开始越来越大。[1]

2. 昭和大礼和都市空间的演变

为天皇行幸铺就道路 —— 御堂筋的扩张

关的"大大阪"主张里，"御堂筋"大道的建设备受关注。

在大阪，除了极个别情况，"通"一般指东西向的道路，南北向的道路则称为"筋"。1925年，裕仁皇太子一行途经的堺筋，就是南北向的道路。江户时代，以大阪城为中心，面朝者为"通"，背朝者则为"筋"[2]，这种称呼习惯一直延续至今。沿途的西本愿寺津村别院和东本愿寺难波别院，分别被称为"北御堂"和"南御堂"，这才有了"御堂筋"这一称呼。还没扩修之前，这

---

[1] 裕仁皇太子成为天皇后，分别于1929年和1932年访问大阪，关每次都会想起1925年在大阪市民面前的皇太子讲话。"其当时所奉之御词，吾等市民欲夙夜以拳拳服膺，以助御心之万一。"（关一《奉迎行幸》[《大大阪》第5卷第5号，1929，第2页]）"愿以此无上荣誉，市民同心协力，牢记大正十四年赐词，期大都市图谋之大成，以酬鸿恩。"（关一《圣上陛下登临天守阁》（谈）[《大大阪》第8卷第13号，1932，第5页]）

[2] 牧村史阳编《大阪语言事典》，第352页。

条街不过是一条被称为"广路"的、宽6米的非铺装小巷。

经过铺装，这条路将要扩张为宽度超过43米的大路。这么宽的路，甚至在后藤新平的帝都复兴计划中都没有提及。大阪"北部"的中心——大阪站，阪急和阪神的终点站梅田，以及"南部"的中心——南海终点站难波，可通过这条大路相连。关通过这项前所未闻的计划，想要在"感觉不到中心"[1]的大阪，建立和大阪城天守阁相媲美的新中心地带。

1926年10月7日，御堂筋工程开始。施工当天，关在日记里写道："上午10点，梅田车库附近广场举行大路动土仪式。"[2]关于工程，关要求住在御堂筋建设预定地两侧的全部住户，根据所有土地面积，负担相应比率的金额。住户需要承担的费用相当于全部工程款的三分之一。[3]

也就是说，对于房主来说，祖上传下来的土地的相当一部分，要作为道路用地被强制征购。不仅如此，还要根据上升的地价自行负担相应的费用，这就相当于让房主承担了双倍损失。对于这种不合常理的举措，关却一意孤行。可想而知，房主不愿出让土地，工程陷入窘境。

---

[1]　《关一日记》，第98页。

[2]　同上，第620页。

[3]　黑田隆幸《关一与中马馨的大阪都市经营》，第84页。

这个时候，不久前裕仁皇太子的行启，成了关的谈判筹码。御堂筋北端与天皇、皇太子搭乘的国铁大阪站相邻，如果拆迁谈判遇到困难的话，政府人员可以以"为天皇行幸铺就道路"为理由劝说。[1]这也确保了城市规划的顺利实现。代替大正天皇，在大阪市民面前飒爽登场的年轻的"昭和天皇"，给市民留下了深刻的印象。御堂筋的正式名称确定，是在后述的1929年昭和天皇大阪行幸之前，会议上有提案要建一条符合天皇身份的"御幸通"[2]。因为关的坚持，"御堂筋"这一名称才得以保存。

市营地铁的建设

此后，关又提出了新的想法，要在以御堂筋地下为主的城市中心地区，取代之前市电的高速铁道，建设市营地铁。大阪市市电1903年（明治三十六年）开通以来，对于市内交通，一直贯彻"大阪市未来需要铺设的市区轨道都需由大阪市直接经营"[3]的市营主义。地铁的建设也承袭了这种市营主义。这和日本最早的地铁（上野—浅草）不是由市政建设，而是由东京地铁道株式会社

---

[1]　《实记百年大阪》，第712页。

[2]　同上。

[3]　关一《大阪市的交通工具》（《大大阪》第2卷第12号，1926，第34页）。

建设的东京，有很大的区别。

关首先对因城市扩张而出现的新交通工具的必要性进行了说明。

迄今为止，市内交通主要以短距离运输为主，所以仅靠路面电车，并无大碍。但是，现在的市区面积达到了65平方英里，是以往的3倍。大家的居住也越来越分散，迫切需要长距离运输。短距离运输和长距离运送各自需要不同的交通系统，这点不必赘言。因此，我们必须大力发展高速交通系统。[1]

此处，关阐述了在长距离运输需求增加的"大大阪"，需要建设和以往路面电车不同的"高速交通系统"。但问题在于，这个交通系统是建成高架，还是建在地下。最初，建设费低廉的高架论占优势。而关则认为，考虑到战争可能引起的爆炸等因素，建在地下反而更为可靠。[2]

最终，决定市中心主要以地铁建设为主，同时，也在周边建部分高架。计划增设从大阪府丰能郡丰津村坂（现吹田市江坂），通过御堂筋地下到达大阪市住吉区我孙子町的一号线（现大阪地

---

[1] 关一《大阪市的交通工具》。

[2] 《实记百年大阪》，第711页。

铁御堂筋线）等4条高速铁道。此项计划于1926年取得内阁许可（有关高速铁道计划路线参照第177页插图）。

这些高速铁道，不仅成为贯穿大阪市中心的交通系统，而且，作为连接郊外和市中心的官办铁道，也承担着辅助"私铁王国"的作用。但这些线路直到昭和年间的1930年（昭和五年）才竣工，而且只建了相当于今天御堂筋地下部分的梅田和难波之间的路段。

和小林一三的不同点

但是，小林一三并不认同关提出的地下优先论。

小林始终坚持高架论："我认为日本模仿没有地震的外国，在地下建铁道，从根本上就是错的。我从一开始就持这种观点，阪急也坚持使用高架电车线。"[1]关和小林，都认识到了建设从大阪市中心通往郊外的铁道网的重要性，但关于具体的建设方式，却是完全对立的。

关于连接梅田和难波的高速铁道一号线的建设，小林这样说道：

每次看从梅田新道到南海电车的地铁工程，我就在想，线路一竣工，大阪市的电铁行业一定会濒临破产。不仅如此，

[1]　小林一三《以交通问题为中心》（《小林一三全集》第4卷，第423页）。

> 我还担心这些建筑物作为一个时代错误行为的标志，成为昭和时代的历史遗物。(《地下轨道时代已经过去》)[1]

关主导的地铁建设，是大阪市"高速铁道系统"的王牌计划。对此，小林采取了冷眼旁观的态度。把地铁当成"昭和时代的历史遗物"的小林的观点，在今天看来确有其时代局限性。但在当时，小林关于高架的信念，却丝毫没有动摇。这件事，也成为下一章将要叙述的"阪急十字路口问题"的导火索。

大正天皇

1926年12月，大正天皇驾崩。裕仁皇太子践祚，改元昭和。1900年（明治三十三年），大正天皇和九条节子（后贞明皇后）结婚，1912年加冕天皇。这段时间，天皇圣体安康。但是，即位成为天皇之后，他的健康每况愈下。1920年之后，已无法履行作为天皇的职责。为了避寒避暑，天皇长期移驾日光、叶山的行宫。除此之外，没有行幸的机会。大正末期，天皇的实际形象，完全从人们的视线中消失了。

大正天皇出生不久就全身发疹，身体羸弱，而且性格不适应

---

[1] 《小林一三全集》第5卷，第243页。

宫中繁文缛节的生活。这种性格，在天皇长大之后也未改变，这也是他成为天皇之后，身心健康都令人担忧的原因。大正天皇比较有活力的时期，是脱离东京生活的阶段，即1900年到1912年这一相对比较自由的皇太子时代。这一时期，除了日俄战争，他每年都会去全国巡启。关于这一情况，其他拙著里有详细介绍。[1] 在除冲绳县的全国都道府县，以及前往当时属于日本"保护国"大韩帝国的巡启途中，皇太子爱说话又不拘小节，时不时地展现出一个普通人的真实状态。这样的皇太子行启，与礼节烦琐的明治天皇的行幸完全不同。

因此，即便成了天皇，大正天皇也不喜欢和明治天皇一样的行事风格。天皇即位后，马上颁旨要求"诸事从简，随时变更行幸路线"。[2]即便是在每年11月举行的以陆军特别大演习统监为目的的行幸中，也指示"人多无趣，不必随驾"[3]。1915年（大正四年），大正大礼举行之前，天皇指示内务大臣原敬："一切从简。"[4]

但是实际上，天皇的旨意基本无人遵从。人们还是和明治天

---

[1]　原武史《大正天皇》(朝日文库，2015)。

[2]　《原敬日记》大正元年九月十七日篇(《原敬日记》第5卷［乾元社，1951］，第113页)。

[3]　同上，大正元年十一月十一日篇(同上，第131页)。

[4]　同上，大正三年二月二日篇(同上，第402页)。

皇在位时一样重视秩序和威严。大正天皇也不得不过上被各种规矩束缚的生活。原第一次觉察到天皇身体抱恙，是在1919年2月。此时，天皇已经连续2年未出席帝国会议的开院式。[1]

1921年11月，刚从欧洲旅行归来的裕仁皇太子摄政。关东大地震之后的第二年，也就是1923年10月，宫内大臣下达通牒，原则上取消行幸和行启途中沿线和沿道的奉送迎[2]。没想到因为天灾，大正天皇多年的夙愿终于实现了。

不过，天皇此时已无力理政。大正末期的大阪成为"民众的大都会"，形成了和东京不同的私铁王国。从时代背景来看，不能忽略以东京为中心的"帝国"秩序的式微。

昭和大礼的意义

从上文介绍的大正天皇的相关情况，大正和昭和的不同之处显而易见。昭和天皇从大正末期开始摄政，基本相当于天皇的代理。到了昭和时代，他又成为受人膜拜的"神性天皇"，隆重登

---

[1]　《原敬日记》大正八年二月十五日篇（《原敬日记》第8卷［乾元社，1950］，第160页）写道："在宫相诘所问圣体是否安康。据石原次官说，虽然有些发烧，但大脑无恙。臣等惶恐。"

[2]　《大正十二年十月六日宫发第五三九号宫内大臣通牒》（《续现代史资料9》教育2卷，第100页）。

场。而且这个时代，没有皇太子出现（直到明仁亲王出生的1933年）。这是昭和与大正的根本不同。不如说这个时代，昭和天皇自身也把明治天皇当成理想的君主，极力避免谈及生父大正天皇。这种行为，与把天皇称作"大帝"的明治时代很像。

实际上在昭和初期，为了使民众忘掉大正，进而复兴明治天皇与明治时代的记忆，日本政府做了很多谋划。1927年（昭和二年），把明治天皇的生日11月3日定为"明治节"，大正天皇丧满第二年隆重庆祝。从1933年开始，文部省开始宣传举办把明治天皇行幸途中住宿、访问的地点当作"圣迹"的活动。

这一时期，民间的文学界和学术界掀起了一股"明治热"。岛崎藤村（1872—1943）发表连载小说《黎明前》。吉野造作（1878—1933）编辑的《明治文化全集》出版。由属于马克思主义史学的讲座派发起的一系列明治维新研究，也可以称为其中的代表。这些活动，高度评价了明治维新这一事件。明治维新对明治时代日本国民国家的形成做出了重要贡献。同时，也对社会上重新掀起明治憧憬以及天皇崇拜的热潮起了推波助澜的作用。[1]

1928年11月，昭和大礼作为这一系列活动中的重要部分，隆重举行。与此同时，新闻媒体大肆宣传大正时期被忽视的天皇"圣德"。人们开始把天皇当作神灵崇拜。有关国家主义价值的话

---

[1]　见苅部直《光之王国：和辻哲郎》（创文社，1995），第145—146页。

题，以大礼为契机，再次引起热议。[1]

"序章"中所叙述的昭和大礼的场景，由铁道这一装置，把之前见不到的"帝国"的实际形象，通过从东京延伸出的国铁轨道以视觉效果呈现出来。这里重新聚焦大礼上铁道所起的作用，再次令人想到，柳田国男提出的"古老的国家仪式，第一次出现在公民之现实生活中"这一洞见。

诚如第一章所述，昭和大礼上，天皇乘坐的火车没有进入"私铁王国"，而是在其东部疾驰而过。但这一颇具仪式感的事件，也宣告了以东京为中心延伸出去的"帝国"秩序，正在逐步蚕食"私铁王国"大阪。

为御大典纪念重建天守阁

1927年，政府公布将要举行昭和大礼的消息，呼吁全国都道府县市町村，各自举行大典纪念仪式迎接即将到来的昭和大礼。大阪市经过多轮讨论，由关一提议，作为城市的新象征，应复兴太阁，也就是丰臣秀吉（1537—1598）时代的大坂城（大阪城）天守阁。这项提案，在翌年2月召开的大阪市议会上全票通过，天

---

[1] 高桥纮《神格化的记号：昭和大礼》（高桥纮等编《昭和初期的天皇和宫中：侍从次长河井弥八日记》第1卷［岩波书店，1993］，第312—313页）。

守阁复兴工程正式启动。

当时的大阪城没有天守阁。1665年（宽文五年）遭遇雷电，天守阁被烧毁了。明治以后的大阪城，成为陆军第四军团的根据地，兴建了师团司令部和仓库等设施。1925年，大大阪纪念博览会举行，此处成为会场的一部分，很多市民访问城内。但这是例外，在平时，市民不允许无故入内。关提议复兴天守阁，整顿大阪城一带，改建为公园，向一般市民开放。

但是，关于重修天守阁，陆军方面提出了几个条件：需要为转移的第四师团司令部建立新的厅舍；如有必要，军部可随时禁止一般市民进入大阪城；天守阁作为军用设施，可自由使用；等等。现在的复合建筑"MIRAIZA OSAKA"（未来座大阪城），就是基于这个条件，为第四师团司令部建的。

有关天守阁的重建和大阪城一带的公园建成，1928年7月14日的新闻上写道："大阪城为今秋御大典纪念事业，要把与大阪最有渊源的大阪城建成大型公园。特别是首屈一指的、作为著名建筑物保留下来的天主台，要按照原样，重新建造天守阁。经过陆军省及师团的长久交涉，这次终于正式取得许可。按照计划，13日向民众公布。"（《大阪朝日新闻》，1928年7月14日）同年8月，文末附带捐款申请书，背面印有天守阁重建和大阪公园整顿计划的意向书，以市长的名义向全市各户发放。[1]

市民的反响出乎意料。不断有捐款申请书寄到各街道推进委员会，不到半年，就达到了预期的150万日元募集金额。仅靠市民捐款，就筹集到了包括第四师团司令部厅舍在内的所有建筑费用。

募捐的成功，除了丰臣秀吉在大阪拥有的颇高人气之外，也不可忽视大正末期以来大阪市民对昭和天皇的崇拜。这种崇拜之情，成为上文提到的御堂筋扩张推进工程的原动力。实际上，大礼期间大阪市内的庆祝盛况，用关的话说就是"大阪市内隆重庆祝。市民的热情是大正即位典礼的数倍之高涨"[2]。若无此种庆祝氛围，市民可能不会积极捐款，天守阁的复兴也将延迟。[3]

重建的天守阁一反常规，采用了钢筋混凝土制造，意在建成纪念天皇即位的半永久纪念碑。复兴工程1930年5月开始，翌年11月7日完工，并于当天在大阪城公园举行纪念仪式。这座保留了天皇即位记忆的纪念碑，并不在当时的城市规划里。但它却和御

---

[1]　渡边武《大阪城物语》（Number出版社，1983），第22页。

[2]　《关一日记》，第726页。

[3]　战后，大阪城天守阁作为博物馆向公众开放，但大部分都是丰臣秀吉的相关展示品，与昭和大礼和昭和天皇完全没有关系。好不容易，在英语说明文中发现了下文，但还是没有提到大礼和天皇："In 1931, the citizens of Osaka raised funds to reconstruct the donjon on its original scale as apermant tribute to Hideyoshi Toyotomi, the founder of modern Osaka."（1931年，大阪市民为了永远赞颂近代大阪的创始人丰臣秀吉，募集资金将大阪城天守阁复原。）

堂筋齐名，作为"大阪市的中心"，引来各界瞩目。

交通电气博览会的举办

和大阪城天守阁重建同时进行的，还有大阪市大典纪念仪式。其中，从1928年10月开始，为期2个月的"大礼奉祝交通电气博览会"在天王寺公园及旧住友别墅官邸举行。京都也在同一时期举办了大礼博览会。虽然全国各地一同举办了多场庆祝大礼的博览会，但是大阪交通电气博览会结合了"大礼奉祝"和"交通电气"这两项要素，成为这一时期大阪的象征，这点值得关注。

第一会场天王寺公园曾是举办大大阪纪念博览会之"交通的大阪"单元的场地。这次博览会，不禁令人想起之前的盛况。

也就是说，此地建造了展示大阪郊外电车模型等铁道成果的"陆地交通馆"，"大轨、阪急、南海、阪神、京阪、大铁（引者注：大阪铁道，现近铁南大阪线）、新京阪各电铁沿线的名胜都通过电气得以精确再现。移动的小型电车让参观者仿佛置身于秋色秀丽的郊外"[1]。此外，博览会还建造了"高速铁道馆"，展出了高度还原铁道一号线地下线路纵断面的大模型，全方位详细介绍了"私铁王国"大阪的良好发展态势。

---

[1] 《大礼奉祝交通电气博览会参观记》（《大大阪》第4卷第11号，1928，第121页）。

但是另一方面，此次博览会也包含了大正末期举办的大大阪纪念博览会所没有的展品。第二会场——旧住友别墅官邸建造的"大礼参考馆"，呼应昭和大礼，展出了和天皇相关的各式遗物及宝物。比如平安宫朝堂院大极殿模型，乃是平安时代天皇即位式等重要仪式的举办地。展品还包括明治天皇1868年（明治元年）行幸大阪用的御辇等，不胜枚举。

场馆的布置，让市民在第一会场，再次感受到当时大阪发达的私铁。第二会场陡然一变，转而让人思索昭和大礼的历史意义。这也标志着从大正进入昭和的时代转变。

3. 官民协力奋进——1929年行幸

关一向天皇进讲

1929年是大礼举行后的第二年。这一年，关一突然公务缠身，不在大阪的时间增多。他因公务多次往返于东京和大阪之间。

这和当时的特别市制运动相关。大阪市、东京市、名古屋市、京都市、神户市、横滨市，这些城市的自治权从府县中独立，直接置于内务大臣的监督之下。官选知事的权限被移交给市长，六大市长因此被召集到东京参加会议。另一个原因，则是当年天皇强烈希望行幸大阪，政府需要多方筹划。其中和本书有重要关系的不是前者，而是后者的天皇行幸。

从关的日记可以得知，2月16日，他接到了内务次官发给大阪府知事力石雄一郎（1867—1933）的电报。电报要求知事同市长一道上京。两天后，关和知事一起上京，从宫内大臣一木喜德朗（1867—1944）处得知，5月（实际上是6月）天皇要去大阪行幸。20日，关返回大阪。3月22日，在天皇的大阪行幸之前，他接到宫内省通知，请他就大阪市世情去皇宫进讲。26日，关再次从大阪上京。28日下午前往宫中觐见。

关上次对昭和天皇说明大阪市世情，是1925年天皇作为摄政王访问大阪之后的事情。但上次的场所，是大阪市市政厅。这次则是特别受诏，在宫中进行。关对宫中进讲的情况做了如下记录。

（下午）2时在表御座所等待圣驾，2时10分驾临。侍从长上报姓名，拜谒，陛下正面相隔四尺赐座，上奏大阪市当今形势。用4张图表对大阪市的情况进行说明。3时15分结束。赐茶，陛下询问支那[1]动乱、市会议状况等问题。3时50分左

---

[1]　现已被认定为具有歧视意味的争议性用词。此处为原文引用当时文献，暂作保留。——译注

右圣驾离开。[1]

关在天皇面前，就幕末以来大阪市变迁、大阪市城市规划、人口密度、高速铁道建设等，进行了长达1小时的汇报。在接受了天皇提问之后，关表露："今天感受到了御稜威（引者注：天皇的威光），不胜惶恐。但总算完成了进讲之任。"[2]

陛下自身的旨意 —— 1929年行幸的特点

昭和天皇在宫中听了关的进讲，于1929年6月，作为大礼后的第一次地方行幸，经海路再次访问大阪。这次大阪行幸的主要目的是现场视察城市规划是否如期进行。一直就对大阪发展感兴趣的天皇，再次访问了这座日本首屈一指的大都市。[3]

在此之前，不管是明治天皇还是大正天皇，在东京府以外的行幸都极为罕见。除了第二章提到的国内劝业博览会外，天皇的

---

[1] 《关一日记》，第747页。后藤新平也曾在东京市长任上于1922年5月向裕仁皇太子就东京市世情进行汇报。见鹤见祐辅编《后藤新平》第4卷，第363—368页。

[2] 《关一小传》(《城市政策的理论与现实》，第20页)。

[3] 准确地说，此次行幸在视察大阪之前，还有一个天皇期待已久的目的。那就是，经由海路来到和歌山县的田边湾，首次见到了以黏菌学家而闻名的、居住在田边的南方熊楠。天皇从同是生物学家的南方口中获得了知识。

巡幸多为每年11月举行的陆军特别大演习等军事访问。不以军事、国家为目的，单纯为视察地方而进行的天皇行幸，可谓特例。1885年（明治十八年）的山阳（山口、广岛、冈山）巡幸，为明治初期六大巡幸的最后一次。时隔多年，昭和天皇才又重启了地方巡幸。

不光如此，"这次极为特殊的地方行幸，不是出自大阪府市的请求，而是天皇自己要求的"[1]。行幸还没开始之前，关向市民呼吁："吾等大阪市民，热切盼望天皇之御代日益繁荣。大阪市有责任和义务，更有觉悟，愿粉身碎骨，以报天恩之万一。"[2]

这次行幸也致敬了明治天皇。即位后的明治天皇，第一次离开京都御所访问的就是大阪。昭和天皇要想成为和明治天皇一样的"大帝"，也要先访问大阪，这是历史的必然要求。

昭和天皇和当时的明治天皇一样，在大阪城纪州御殿停留了3天。对此，宫内大臣一木喜德郎回忆道："陛下不辞辛劳，他一定是想到了，在明治初年，明治大帝陛下同样在此御殿驻辇。"[3]此刻上演了一出精心策划的剧目：忘却大正，把即位不久的昭和天皇同"明治大帝陛下"合二为一。

---

[1]　《意义深刻的阪神行幸》(《大阪朝日新闻》，1929年［昭和四年］6月4日晚报）。

[2]　关一《奉迎行幸》。

[3]　一木喜德郎《扈从大阪行幸之感》(《大大阪》第9卷第3号，1933，第4页）。

万分激动

天皇从横须贺港乘坐那智军舰，首先访问八丈岛。在同岛搭乘长门号军舰，经伊豆大岛，停靠和歌山县。6月4日进入大阪港，一直在大阪待到7日，才出发去神户。天皇的大阪行程如下。

6月4日

上午7时30分，进入大阪港。9时10分，抵达大阪筑港。巡览筑港及安治川河口。10时15分，到达住友伸铜钢管株式会社。中午12时10分，到达纪州御殿。下午2时，到达大手门前奉迎场。2时20分，经由御堂筋到达大阪医科大学。3时35分，达到大阪市政厅。4时45分，经由御堂筋，达到大阪府厅。5时55分，到达纪州御殿，住宿。

6月5日

上午，从纪州御殿出发。9时19分，到达大阪都岛工业学校。10时5分，到达大阪市立北市民馆。10时35分，到达大阪高级法院。11时20分，到达纪州御殿。下午2时，到达城东练兵场，参加亲阅式。3时25分，到达陆军造兵厂大阪工厂。3时40分，到达纪州御殿，住宿。

6月6日

上午9时，从纪州御殿出发。9时25分，到达大阪高等学校。11时6分，到达大日本纺织株式会社。中午12时15分，到达纪州御殿。下午1时40分，到达城东练兵场，参加阅兵式。2时30分，到达商品陈列馆。3时5分，到达纪州御殿，住宿。

6月7日

上午9时20分，从纪州御殿出发。9时15分，到达大阪筑港。10时，从大阪港出发，前往神户。[1]

天皇虽下榻纪州御殿，但仍巡访了大阪港、大阪府厅、市政厅以及市内主要工厂和学校、高级法院、练兵场等。6月4日，2.5万市民齐聚大手门前奉迎场。关一在日记里这样描述当天的盛况："大手门前奉迎场已无立锥之地。下午2时圣驾降临，宣奉迎辞。众人三呼万岁，激动万分。"[2]

除了听不到天皇自己的声音，此情此景，无法不让人联想到1925年行启之时，天王寺的场景。但是，4年前，人们对天皇、

---

[1]　参考《大阪御驻辇中的行幸御日程》（《大阪朝日新闻》，1929年［昭和四年］5月28日晚报）以及《昭和天皇实录》第5部（东京书籍，2016）制成。

[2]　《关一日记》，第757页。

皇后、皇太子、皇太子妃都高呼了万岁，这次却只称"天皇陛下万岁"。天皇身披大元帅服，亲自出现在广大市民面前，接受"万岁"朝拜。上一次人们高呼万岁，还是1928年12月的事。当时，超过4.7万市民齐聚上野公园，参加了天皇出席的东京市奉祝会。[1]

6月5日、6日，天皇前往城东练兵场，参加亲阅式及观兵式。亲阅式有男女学生、青年团团员等约12万人。观兵式的军人也达万余人。他们分别在天皇面前列队演习。城东练兵场相当于同时代东京宫城（现皇居）前广场和代代木练兵场加在一起那么大。[2]

不分伯仲 —— 牧野伸显的感想

天皇从进入大阪港到再次出港，在市内全程乘坐汽车，没用国铁，更没搭乘私铁。上陆第四天，天皇前往奉迎场，走的是为

---

[1]　明治、大正两位天皇与昭和天皇行幸的区别之一是，前者（明治天皇主要是1890年以后）的行幸几乎没有暴露在普通民众面前，而后者的行幸则前往迎接仪式场和亲阅仪式场等。这在正文中也提到过，皇太子继承了（摄政）时代开始的行启风格。详情请参照原武史《可视化帝国（增补版）》。"天皇陛下万岁"这一仪式本身的起源可以追溯到大日本帝国宪法颁布的1889年2月11日。关于这一点，请参照牧原宪夫《万岁的诞生》（《思想》845号，1994）。

[2]　有关宫城前广场的信息，请参照原武史《全本皇居前广场》（文春文艺文库，2014）。

行幸所铺、部分完工的御堂筋。[1]为了收购沿途土地，市政府工作人员使出的杀手锏"为天皇行幸铺就道路"，此时看来，绝非虚言。

这次行幸，天皇没有像昭和大礼那样，从东京乘坐东海道本线的列车。"序章"里提到的场景，也没有大规模出现。[2]但是，天皇乘坐汽车在大阪市巡游时沿途的场景，和1925年近乎一致。这次昭和大礼，盛况空前。大阪市民经过洗礼，对天皇的忠诚之心，也更加稳固。

随同行幸的内大臣牧野伸显（1861—1949），这样叙述他对大阪的印象：

> 观此三天的奉迎之状，民众虔诚之态度，强烈之尊皇心，在各种场合得以窥见，比之别处毫不逊色。又因浪华[3]和皇室因缘（较）浅，近年又有不令人满意的外来思想流行，

---

[1]　不过，此时还不普遍使用"御堂筋"这个名称，使用了"行幸广路"这个与前述的"御幸通"相似的名称。"突然向北侧展开的行幸广路！多么美丽！道路中央路面干净得像铺上了新垫子一样一尘不染。"（《大阪朝日新闻》，1929年［昭和四年］6月4日）

[2]　6月4日，天皇经由海路进入大阪港，堺市大阪湾沿岸一大早就有市民聚集在一起，想看一眼本应经过海面的天皇乘坐的军舰长门号，但连一点影子都没有找到。（《堺市史续编》第2卷［堺市政府，1971］，第270页）

[3]　指大阪。——译注

令当局颇为烦忧。这次按照预定行程，亲眼见到当地的情况，反而感到了普通大阪人尊崇皇室的强烈信念，和别处不分伯仲。[1]

访问前只是觉得大阪"和皇室因缘（较）浅，近年又有不令人满意的外来思想流行"，来了之后却刮目相看，"感到了普通大阪人尊崇皇室的强烈信念"。昭和天皇登场的同时，在"私铁王国"的中心地带，"帝国"的秩序也扎下了根。

"为你们的努力感到高兴"

那么，对于时隔4年再见大阪，天皇又如何看待呢？

1929年6月6日，天皇在纪州御殿召见大阪府知事力石雄一郎。这次谈话，不仅被当天号外抢先报道，第二天的新闻也都进行了大肆宣传。

这次来大阪，看到各方面良好的发展态势，为你们的努力感到高兴。你们的热忱欢迎，令朕非常满意。希望将来官

[1] 《牧野伸显日记》昭和四年六月六日篇（伊藤隆、广濑顺晧编《牧野伸显日记》[中央公论社，1990]，第370页）。

民协力奋进，更好地发展。(《大阪朝日新闻》，1929年6月6日号外)[1]

这在当时也是很罕见的情况。天皇不仅亲自出现在市民面前，而且还对知事说了这番带有感情色彩的话。这段话又被新闻报原文报道了。

其中，"这次来大阪……为你们的努力感到高兴"，今昔对比，赞扬了现在的大阪。也就是说，这和1925年昭和天皇（当时为皇太子）所说的"望增进城市之繁荣市民之福祉"的"御词"前后照应。大阪的发展没有辜负天皇的期待。天皇称赞大阪为"增进城市之繁荣市民之福祉"做出了努力，意味着肯定了大阪的城市发展。而且，"热忱欢迎"这处，也说明了正是天皇自己，相比4年前更加强烈地感受到了"奉迎""奉送"的热烈氛围。

另一方面，"将来官民协力奋进"以下的话，是天皇对大阪未来发展的期望。这在4年前的"御词"里没有出现。自此，大阪不再是小林一三口中，和"官"形成强烈对比的"民众的大都会"，而是变成了天皇所希望的，"官""民"通力合作、共同发展之地。

――――――――――――――

[1]　高桥纮编《昭和天皇发言录》(小学馆，1989)，汇集了自摄政前一年的1925年至去世的1989年昭和天皇的发言，其中没有收录这句话，也没有收录上文提到的1925年的"御词"。

这里所说的"官",不单指小林曾经设想的铁道省等中央官厅。和东京相比,象征着人民力量的私铁王国"大阪","民"力强大。天皇在大阪寻求"官民协力"这种行为,不得不说意义重大。关于这点,将在后文叙述。

另外,不仅是天皇注意到了大阪的发展,和牧野同行的宫内大臣一木喜德郎,在被记者询问对大阪看法之时也说:"我没有当过地方官,因此和大阪没有什么缘分。但这座规划良好的城市,让我身心舒畅。现在大阪人去东京,肯定会觉得像是去了农村。我非常羡慕这里。"[1]

当时的大阪,御堂筋尚未完工,地铁的建设也未收尾。不过,与还没从震灾中完全恢复的东京相比,大阪的城市规划正有序开展,各处都建成了齐整的街区。可以认为,一木说的"现在大阪人去东京,肯定会觉得像是去了农村。我非常羡慕这里",并不夸张。

三次访问大阪

1929年行幸之后的1932年(昭和七年)11月,天皇再次来到大阪。这次行幸的主要目的是,统监在奈良县与大阪府举行的陆

---

[1] 《意义深刻的阪神行幸》。

军特别大演习。天皇同时也视察了大阪市市内。他8天都待在大阪城内的第四师团司令部。

有关这次行幸的具体行程、特色等将在第六章详述。现在先看一下包括皇太子时代，同一个天皇7年内3次访问大阪这件事。因为像这样，短时间内不以军事为目的，单纯以地方视察为由，访问同一个地方3次，是非常罕见的。"摄政宫殿下行启大阪，我接收到了要完成大大阪建设的旨意。大阪市行启，作为陛下地方行启的第一站，我们深感荣幸。这是大阪作为大城市无上的光荣。200万市民携手共建，共创城市繁荣。我们必不辜负陛下的期许。"[1]

1932年，东京市合并了丰多摩郡、荏原郡等周边农村地区，成为"大东京市"，重返面积、人口日本第一的宝座。这里，"大大阪"和"大东京"形成了戏剧性的对比。天皇访问大阪之际，大阪可称得上名副其实的"大大阪"。

以阪急为首的关西私铁，在大阪打造了"私铁王国"，于大正末期形成的反官文化。到了昭和初期，在大阪成为"大大阪"的同时，天皇也发生了更替。天皇期待"官民协力"，在这个新的指导思想下，大阪将要迎来城市空间的巨大变化。这个问题，在下章的"阪急十字路口问题"上，将会愈加凸显。

---

[1] 《迎接圣驾》(《大大阪》第8卷第13号，1932，第1页)。

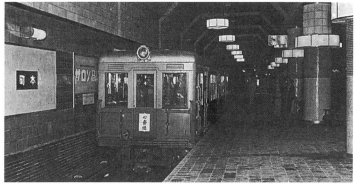

（上）御堂筋

（下）大阪市营地铁

二者皆为市长关一的大功绩

图片来源：明信片，讲谈社写真资料室

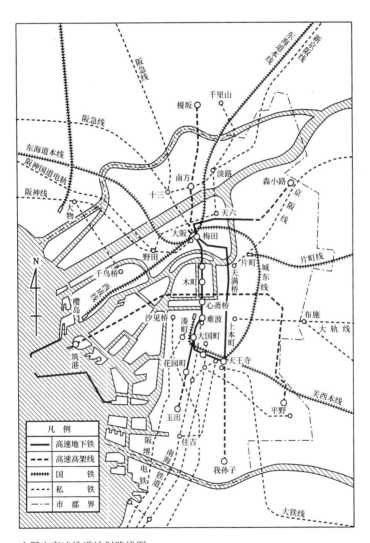

大阪市高速铁道计划路线图

图片来源：根据大阪市役所《昭和大阪市史》第5卷（大阪市役所，1952）第73页绘制
而成

（上）陆军第四师团司令部玄关所见的大阪城天守阁

（下）第四师团司令部的建筑

图片来源：明信片，讲谈社写真资料室

（上）驾临城东练兵场亲阅式的昭和天皇

（下）天皇下榻的纪州御殿

图片来源：明信片，讲谈社写真资料室

第五章　阪急十字路口问题

1. "官"之反扑

国铁大阪站改建工程

这里再次返回1929年（昭和四年）的大阪。

这一年的4月，邻近阪急梅田终点站，作为"私铁王国"象征的阪急百货商店竣工。小林一三"仅凭一己之力"图谋发展的"孤芳自赏"之态，在第三章最后部分已经讨论了。但是，2个月后，阪急梅田附近，好像是要叫停这快速的发展势头一样，国铁大阪站内，高架桥改建工程悄然开始了。[1]

也是6月，昭和天皇在大礼后第一次行幸大阪。这次，天皇选

---

[1]　《大阪铁道局史》（大阪铁道局，1950），第708页。

择走海路，所以没有用到大阪站，新闻媒体也没有报道高架工程。市民的注意力自然都集中到了天皇行幸上，没有分神去关注这件事。现在需要重提一下，天皇在行幸中说的这句"将来官民协力奋进，更好地发展"。因为天皇的这番言论，不仅针对大阪市，同时也暗示着一直默许"民"自治的"官"，也就是铁道省"卷土重来"的机会到来了。天皇访问大阪之时，大阪站改建工程动土。同时，地上运行的城东线的天王寺—大阪间开始进行电气化并搭建高架电车线。东海道、山阳本线的吹田—须磨间也实行了电气化。但是，地上车站依然和以前一样，没有任何改变。因此，大阪站和御堂筋一起，作为迎接天皇访问大阪的玄关站，需要建设与其相称的高架电车线。

在阪急不知情的时候 —— 事情的经过

这项改建工程，可以追溯到大正时期。如前章所述，依据1919年城市改良计划调查会颁布的《大阪市区改正部案》，大阪市内的铁道，包括既存的国铁轨道，都应改为高架电车线或地下轨道。按照这项法案，大阪站的旅客站台和货物站台应实行分离政策。于是，货物站台移到了和大阪站不同的地方，旅客站台则需转移到在大阪站上方的高架桥上。[1]关作为当时大阪市的高级助理，任城市改良计划调查会会长，事实上决定了《改正部案》的制定。不难想象，他和高架方案有着千丝万缕的关系。[2]

实际上，1919年6月，关和大阪市的相关人员一道上京，拜访了铁道省的前身——铁道院。6月21日，关的日记里这样写道："上午在铁道院会见杉技师、冈野改良课长、杉浦局长，就梅田站（引者注：此处指国铁大阪站，而非阪急或阪神）的改建问题和直木氏交换意见，有可能和铁道院方面谈话。"[3]从"梅田站的改建问题"这种措辞可以看出，他们讨论的应该是大阪站高架改建的具体方案。

但是，铁道院（1920年后改为铁道省）却持消极态度。大阪市和铁道院（省）之间意见相左，具体设计方案无法确定。整个大正时期，大阪站都维持着地上车站的状态。

其间，依据《改正部案》，阪急反而在大阪站附近，进一步扩张了与国铁形成立体交叉的梅田站旁高架电车线，取得了和宝冢线、神户线并列运行高架多线电车的许可。当时，国铁的高架化

[1]　木村芳人《关于以梅田为中心的土木建筑和最近的停车场建筑》（《大大阪》第4卷第6号，1928，第30—32页）。

[2]　原田胜正《日本车站史》（中央公论社，1987），第114—115页。

[3]　《关一日记》，第254页。另外，如今的大阪站直到大正末期都还被称为"梅田站"。

及随之而来的线路切换，没有附加任何命令和条件。[1]1926年7月，阪急中津站举行的轨道多线开通仪式上，铁道省神户铁道局局长也出席并致祝辞。

由于阪急在国铁轨道上新建了高架多线轨道，铁道省想要在大阪站附近建国铁高架电车线的话，就必须建比阪急更高的高架轨道，否则物理上不可行。不难预见，铁道省决定在大阪站进行高架改建工程之时，3年前刚建好的阪急高架电车线就成了阻碍。实际上，在工程开工前一年，一位铁道省的相关人员就说："阪急线、阪神线及市电在运行中上下切换，大阪站第二次工程中需要搭建临时建筑物，实施起来非常困难。而且这项工作容易引发混乱。"[2]

尽管如此，工程施工的决定却丝毫没有告知阪急。铁道省似乎和当初给阪急的贺词背道而驰，开始了物理上不可能进行的工程。

---

[1]　在这一点上，铁道部、阪急双方的说法一致。见木村芳人《关于以梅田为中心的土木建筑和最近的停车场建筑》；铃木祥六郎《关于省社线切换工程和梅田站改良工程》(《阪神急行电铁社报》186号，1934年［昭和九年］6月15日，第11页)。

[2]　木村芳人《关于以梅田为中心的土木建筑和最近的停车场建筑》。

1931年6月的通知

大阪站改建工程进行到第二年，1931年6月，隶属于铁道省大阪铁道局（1928年5月从神户铁道局迁出，略称大铁局）的大阪改良事务所，毫无征兆地向阪急下发了一份共8项的通知书。[1]

虽然具体内容无从知晓，但主要是告知以大阪站相关线路为首的国铁轨道（东海道本线、城东线）决定进行电气化和高架改建。国铁高架电车线建成之后，原本位于十字路口的阪急的轨道，要转移到国铁高架线下面，改建为地上线。不仅如此，通知书里还有附加条件，阪急的轨道从高架线转移到地上线，所需费用被详细列出，且由阪急来承担。[2]

工程已经开始2年，却突然单方面接到这样的通知，阪急对铁道省表示不满，并断然拒绝执行。阪急技师铃木祥六郎在《社报》里这样描述当时的情况：

> 建设时非常合理的轨道，因为国铁要建高架，就要求我们把建好的轨道移到路面，而且所有费用都由我们来承担，这根本就是强人所难。我们请求对方慎重考虑，但交涉又花

---

[1]　《七十五年的历程》记述篇，第20页。

[2]　铃木祥六郎《关于省社线切换工程和梅田站改良工程》。

费了大量时间。铁道省当初就不应该提这么不合理的主张。之后，铁道省也都是按照这种强硬风格来行事。[1]

铃木的话，和当时阪急社长小林一三说过的话非常相似。小林曾夸下海口，"京阪神不交给铁道省来建也行。我们没有向铁道省、内务省、通信省卑躬屈膝过"，这并没有错。阪急和京阪、阪神等别的关西私铁合作，为了阻止当时铁道省在大阪一带推进新的工程，尝试了很多努力。

但是2个月后，和小林的初衷背道而驰，报纸上刊登了题为"电铁公司反对无效。京阪神、城东线电气化工程。铁道省的方针"的报道：

> 铁道省眼下施工中的大津—明石间电气化计划的第一工程，以及伴随着京阪神电气化计划及城东线电气化工程的推进，京阪、阪神、阪急、宇治电等各电铁受到巨大威胁。私铁公司纷纷向铁道省提交陈情书。虽然在14日的局长会议上公布了，但是铁道省对陈情书置若罔闻，依然按照既定方针进行施工。（《大阪朝日新闻》，1931年8月15日）

---

[1] 铃木祥六郎《关于省社线切换工程和梅田站改良工程》。

　　从这篇报道可以看出，在之前允许"私铁王国"发展的关西地区，铁道省也开始真正想要扩大自己的影响力了。

　　但是这篇报道，仅仅报道了反对电气化工程的各私铁的总体动向，没有涉及在大阪站附近进行立体交叉的阪急的高架多线的轨道应该怎么办等原本就存在的问题。1931年一整年，这个问题还是铁道省和阪急这两个当事者之间的内部问题，并没有引起市民的关注。

高架还是地下

　　还有一件事情很重要。此时的阪急，不仅抵触国铁电气化，而且反对对阪急的高架化造成阻力的、国铁的高架工程这一行为本身。行走在闹市区的阪急的轨道，不应是地上线和地下线，应该都是高架。这就是宝冢线开通之际，小林一三在《箕面有马电车歌》歌词中描绘的"北野跨线桥，火车收眼底"的反映，也是阪急的一贯信念。

　　当时突出反映这一问题的事件是，阪急神户线把轨道建到了神户市中心。1920年（大正九年）开通的神户线终点站，名义上是神户，其实建在离市区有一定距离的上筒井（现在的王子公园站附近）。因此，阪急计划把轨道延长到位于神户中心的三宫。此计划最初是以建在地下为条件取得许可的。但阪急随之变更计划改建高架，重新进行了申请。兵库县保留了此申请，觉察到了事态的神户市议会再三反对。神户工商会议所也采取同样的步调，从1927年（昭和二年）到接下来的一年，"这成了兵库县最受关注的事件"。[1]

但阪急无意改变建设高架电车线的方针。作为回应，阪急列举了12条坚持高架电车线的理由，最后一条似为小林亲书："我们相信依据我国的现状，从国家经济上来看，应采用比地下轨道建设费用低廉的高架电车线，这是符合我国国情的。"依据小林的这一论调，阪急在1928年9月印制了大量宣传册，强调高架铁道相比地下轨道的优越性。[2]1933年，正值阪急和铁道省围绕阪急梅田高架电车线针锋相对之时，阪急在兵库的主张被认可，神户线的高架电车线搭到了三宫（站名为神户）。

值得一提的是，高架开通仪式在3年后的1936年4月1日举行。当时小林正在一艘从科伦坡驶向新加坡的船上。他在前一天的日记里写道："明天阪急神户高架电车线终于要开通了。希望没有意外，诸事顺利。"接着，他又在当天的日记里写道："收到来自阪急的4月1日神户高架电车线开通的电报，我终于松了一口气。虽

[1] 《京阪神急行电铁五十年史》，第20页。

[2] 同上，第20—21页。关于阪急的三宫过轨问题，《神户市会史》第2卷大正篇（神户市会事务局，1970），第764—776页；第3卷昭和篇（神户市会事务局，1973），第8—9、1183—1216页亦有详细说明。

然确信4月1日这天轨道会开通，但电报来之前，我的内心依旧忐忑不安，担心有意外发生……"[1]当时的小林，虽然已经卸任阪急社长，但仍然时刻关心着高架电车线能否顺利开通。

阪神决意建设地下轨道

原本阪急的高架线，以与东海道本线交叉的城东线梅田—十三间为首，还有与福知山线交叉的清荒神—宝冢间（宝冢线），以及与东海道本线交叉的西宫北口—今津间（今津线）。基本上，和国铁轨道交叉的路段，阪急全都把轨道建成了高架，从国铁上方通过。[2]就像小林夸耀的一般，可以在偶尔才有火车经过的国铁轨道上方，目睹到阪急的高性能电车频繁驶过的场景。

这个场景，是比以东京为中心的"帝国"秩序更有优势的"私铁王国"大阪的象征。对于阪急来说，为了在国铁上方通过而进行的高架电车线建设，不仅是工程技术和建设费的问题，更应该被看作一种思想表现。[3]

---

[1]　《每天都是好日子》（《小林一三日记》第1卷［阪急电铁株式会社，1991］，第341—342页）。

[2]　当然，在这些区间，没有设想从阪急到国铁或者从国铁到阪急的换乘，也没有建立连接站。

[3]　关于此，1928年在奉天（现沈阳）发生的张作霖被炸身亡的事件（转下页）

其中，靠近梅田终点站和阪急百货商店、俯瞰大阪站的梅田—十三间的高架多线轨道，意义尤为重大。因此，屈从铁道省单方面的要求，把梅田附近的阪急高架电车线建成地上轨道（或地下轨道），也就意味着"私铁王国"将完全笼罩在不断逼近关西地区的"帝国"的秩序之下。

这一时期，小林一三认为"地下轨道时代已经过去"。在坚持神户线高架进入市区的同时，他也批判了在御堂筋进行的大阪市地铁建设项目。但是，和小林的意图相反，也有一些关西私铁预见到了"地铁时代"即将来临，开始涉足地下轨道的建设。比如连接梅田和三宫，和阪急形成竞争关系的阪神。

与固执于高架电车线的阪急相对，阪神于1931年（昭和六年）3月，在三宫附近开始了新的地下工程，并于1933年6月开通线路。紧接着，1936年3月，将地下轨道区间一直延伸到了元町。同年11月，阪神开始了在梅田附近的地下轨道工程，1939年3月完工。[1]由此，阪神的起点和终点附近，都建设完成了地下轨道。

当然，把梅田附近的轨道建在地下，并不是只由阪神来决定，而是依据了上文提到的《大阪市区改正部案》。三宫附近的地下工

（接上页）意味深长。张当时乘坐的是从北京开往奉天的中国拥有的京奉线专列，在到达终点沈阳之前，被日本关东军炸死。那个地方正是日本所有的满铁与京奉线交叉的陆桥正下方。

[1]　《阪神电气铁道八十年史》，第194—202页。

程，相比当时因坚持高架而使过轨三宫变得困难的阪急，阪神先行完工。由此可以看出，面对竞争对手，阪神想要保持优势地位的决心。

这样，阪神不仅和东海道本线并行，而且和大阪市一样采用了地下轨道论的主张，因而避免了和铁道省产生冲突。与此相对，要求撤去梅田附近高架电车线的铁道省和拒绝执行的阪急之间，更加剑拔弩张。

2. 逆风

十字路口问题公开化

到了1932年，恰巧赶上经济衰退，各项工程都不得不缩减预算。但是，大阪站周围的高架电车线改建工程，却取得了显著的进展。

5月，"新大阪站（引者注：这里指的是当时新建的大阪站，而不是今天的新大阪站，下同）站台建成。钢筋混凝土的高架建筑，淡紫色的支柱，白银色波浪形的石棉瓦屋顶光彩夺目"（《大阪朝日新闻》，1932年5月12日）。这座漂亮的车站，甚至出现在了新闻报道中，让人产生一种近期就要竣工的错觉。但是，刚才描述的美好画面中，实际建好的只是没有乘客、没有轨道的高架电车线站台。列车运行的轨道以及实际使用的站台，还在地面。不用说，这是阪急和国铁在立体交叉地点附近僵持不下造成的局面。

同年6月，这个问题终于引起新闻媒体的关注。下面将长文引用6月4日大幅刊登在《大阪朝日新闻》上，题为"阪急改接工程再次一筹莫展"的报道。

大阪站高架改建工程第一期，在车站附近已经完工了七成。现在只留下北区小深町、阪急跨线桥附近约50米的路段。目前施工中的，阪急地下引入线专用的5个站台完成后，全部工程就能竣工。铁道（东海道线及城东线）将变为高架轨道，阪急（神户、宝冢两线）将变为地下轨道。然而，关于阪急方面约150万日元的改接工程费用由谁来负担，铁道与阪急双方都一筹莫展。

关于这个问题，二者之前从未签订过相关合约。而且，在这个问题的性质上，承担方是哪一方也不明确。阪急在改建问题发生伊始，吉田建设部用地课长就以"加上附带工程费需要150万日元以上。经济这么不景气，不说全部，至少三分之二的直接工程费用，应由铁道省来支付"为由，每天赶赴大阪铁道局，同改良事务所长及保线课长交涉。但铁道一方自身的高架工程费已经占了全部预算，也是无计可施。于是，铁道局向铁道省上报了此情况，等待铁道省答复。但是，这项工程，由于财政赤字、漏水故障、预算缩减等原因不断延期。大阪站改建工程，就像给本就不太平的大阪，增加了一处顽疾。改建问题的最终走向，值得关注。（为了阅读方便为原文增添了标点符号。下同。）

由此，所谓的"阪急十字路口问题"（又称省线交叉问题），开始被公开报道。

新闻与铁道之间的嫌隙

但是，这个报道却有重大失实之处。首先，报道中的国铁转向高架、阪急转向地下的工程，说得好像已经决定了一样。但实际上，当时的阪急，依然对切换工程持反对态度。更何况，小林一三曾经强烈反对建造地下轨道，阪急没有理由认可铁道省的决定。纵观事件全貌，阪急是否对铁道省大阪铁道局提出"经济这么不景气，不说全部，至少三分之二的直接工程费用，应由铁道省来支付"，也存在疑点。

无论如何，报道以"大阪站改建工程，就像给本就不太平的大阪，增加了一处顽疾"收尾，明显对阪急一方不利。可以说，一直到大正末期，一齐携手打造"民众的大都会"的"私铁王国"和"新闻王国"的关系，以这篇报道为导火索，开始逐渐破裂。

关于民众看到这篇报道后的反应，阪急的铃木祥六郎在回想录里这样写道："就我公司轨道下降所需费用，铁道省和我们意见不一致。新闻媒体又煽风点火，让社会误解是我们提出了无理要求。"[1]铃木虽然没有道出何时招致了"误解"，但十字路口问题，极大可能是通过《大阪朝日新闻》1932年6月的这篇报道，才引起了社会的广泛关注。

《流言蜚语录》

关于十字路口问题的报道出现2周后的6月18日，小林亲自前往东京铁道省，就电气化中止及切换问题，向铁道大臣三土忠造（1871—1948）提出申诉。[2]同一时期，小林开始执笔《流言蜚语录》。下面是其中一节。

---

[1]　铃木祥六郎《关于省社线切换工程和梅田站改良工程》。

[2]　《阪急就省线吹田—鹰取间电气化中止向铁道部陈情》(《铁道》第4卷第39号，1932，第36—37页）。

日常生活中所听所见，单凭只言片语，难辨实虚。新闻报纸被下令停止报道，但沉默只会让舆论愈发××。人们更加不安。捕风捉影的不实报道，播下了流言蜚语的种子。这个种子或将导致后续更为离奇之言论。[1]

上文中"××"是空字[2]，可能是"疑惑"或"误解"之词。由于当时经济不景气，1932年2月到3月出现了"血盟团事件"，紧接着5月发生"五一五事件"。以政商两界要人为目标的恐怖事件频发，一时人心惶惶。与此同时，毫无根据的流言蜚语又四散传播。[3]这篇文章乍看之下，似乎是小林在用自己独特的高调风格，描写当时整个社会的危机感。[4]

但若细读，便可发觉文中也暗含了小林的先见之明。他似乎预见到，由于媒体对十字路口问题有失公允的报道，市民误解加深，阪急将会受到指责。为此，小林特意赶赴东京，请求铁道省

---

[1]　《小林一三全集》第5卷，第93—94页。

[2]　原文为"伏せ字"，指印刷品中为避免明确表述而将该处以空白或记号来表示。——译注

[3]　关于昭和初期的流言，请参照松山岩《传闻的远近法》（讲谈社学术文库，1997），第314—350页。

[4]　阪田宽夫《我们的小林一三》（河出文库，1991），第370页。阪田大体上持这一立场。

再次考虑切换问题。小林的焦急之情令人动容。那个像以前一样不顾一切，甚至打算只凭"一己之力"建设阪急梅田终点站的小林，已荡然无存。人们看到的，只是一位担忧阪急未来、再普通不过的公司领导。

天皇驾临大阪站

这一时期，国内恐怖事件频发。关东军挑起战争，在中国扶植傀儡政权。1931年（昭和六年），"九一八"之后，东海道本线军用列车大幅增加。在大阪站，运送出征中国的士兵、从战场返回的士兵及死难者遗骨的列车也多了起来。下面的场景经常出现在人们视野中：

> 一大早，大阪站昏暗的月台边，聚集了1000多名送行的在乡军人、青年团学生，以及出征将士的近亲、知己等。（中略）人群挥动横幅，上面写着出征士兵的名字。军用列车在雨中迎面驶来。人们群情激奋，高呼万岁，迎接列车驶入车站。（《大阪朝日新闻》，1932年4月16日）

大阪被称为"民众的大都会"，在这座城市生活消费文化的中心地，出征和返乡的场景却在不断上演。本应"非日常"的场景，这个时期却成了日常。

　　笼统说来，"阪急十字路口问题"甚嚣尘上的时代，正是连接大阪市区和郊外的关西私铁拥有的地方的、文化的（或日常的）各种价值，被连接东京和大陆的交通大动脉东海道本线所拥有的国家的、军事的（或非日常的）诸价值取代的时代。

　　1932年11月，昭和天皇第二次行幸大阪。这次行幸的日程和3年前不同。天皇从东京乘坐行驶在东海道本线上的御召列车，当天就抵达了大阪。"圣驾连续在火车上停留了9个小时，可谓前无古人。"（《大阪每日新闻》，1932年11月10日）

　　此时的昭和天皇，作为天皇第一次在大阪站地上站台下车。地上站台旁边，是尚未铺设轨道的高架站台。为了迎接昭和大礼，天皇曾在名古屋站和京都站见到的场景，也将在大阪站重现。大阪站作为迎接天皇的第一站，地位愈加稳固。

　　此次行幸，阪急在御召列车通过阪急高架电车线之前，暂停从梅田发车。"阪急电车决定在10日大阪御着辇、15日桃山御陵参拜、17日御发辇时，在御召列车通过30分钟之前，停止中津—梅田间的电车运行。同时，神户线在神户—十三间往返运行，宝冢线也在十三—中津间单线往返行驶。"（《大阪朝日新闻》，1932年11月8日）

　　这些调整，依据的是在第三章提到的《有关御召列车警卫的通知》。即便有高架电车线，至少在御召列车通过的30分钟之前，无法"俯瞰来往火车"。天皇搭乘国铁行幸大阪,昭示着以东京为中心的"帝国"秩序,开始逐渐剥夺"私铁王国"的独立性。

"新大阪站之癌"——单方面报道

阪急对铁道省的抗议,持续到了第二年。这一年是1933年(昭和八年)。此时,越来越多的报道开始跟进,认为"十字路口问题"是阻碍铁道省推行的电气化及高架轨道建设工程的"新大阪站之癌"。这种论调日渐深入人心。

比如有报纸这样报道:

> 号称"新大阪之癌"的阪急高架切换问题,依然毫无解决的迹象。来年春天的2月,阪神间将进行电气化改造,铁道省会因此陷入巨大困境。前田大铁局长、斋藤改良事务所长等相关领导,聚首会面,商讨新对策。(《大阪朝日新闻》,1933年4月26日)

另一方面,大阪市在御堂筋建设的高速铁道(市营地铁),虽然发生了土佐堀川地下水渗漏等事故,但总体进展还算顺利。这一年的5月20日,梅田和心斋桥之间3000米长的轨道率先开通。途中车站为淀屋桥和本町。关一的日记里这样写道:"10点,高速开通仪式在淀屋桥南诘广路举行。来宾1800名，可谓盛会。"[1]但是，作为起点的梅田站，由于大阪站改建工程未完工而受到了影响。不得已，在原本车站南边的临时车站开始运行。[2]

在全国，这是仅次于东京，第二个开通地铁的城市。但是淀屋桥和心斋桥的车站，是天花板很高的穹顶设计，闪闪发光的吊灯从天花板垂下，站台能够容纳10节车厢的列车驶入。这种场景，在当时很罕见。连接站台和车站中央大厅的自动扶梯等设施，都是东京地铁没有的东西。今天看来，这些设施很有远见性。还需要注意的是，1929年、1932年，昭和天皇2次穿过的御堂筋正下方地铁轨道铺设的情况。

和市营地铁的顺利开通相对，铁道省的电气化和高架化计划，可能是由于小林向铁道省的申诉，不得不进行大幅改动。由于十字路口问题未被妥善解决，最初预定在吹田—须磨间进行的东海道、山阳本线的电气化区间，变更为在大阪—须磨间进行。

电气化本应翌年2月完工，只有近距离区间运行的电车（省电）使用大阪站的高架站台。包括御召列车和军用列车在内的中长距离火车，依然使用一直在使用的地上站台。另外，电气化和高架化已完工的城东线，也和东海道本线一样，因为同阪急的高

---

[1]　《关一日记》，第881页。

[2]　和久田康雄《日本的地铁》（岩波书店，1987），第34页。

架线相交，而不能使用大阪站的高架站台。[1]

由此产生了许多新问题。《大阪朝日新闻》4月26日的报道中提到，"铁道方面由于阪急切换问题没有解决而蒙受的无形有形之损失"，在相当于大阪—神崎（现尼崎）间的"下淀川铁桥左岸，高架省电和地上东海道线的联络工程，所需的复线联络二线越线工程陷入困难。需要相关费用约8万日元"。除此之外，还列举了以下4项问题。

一、由于城东高架线不能进入新大阪站高架站台，需要在叶村町附近临时紧急调动降下设施，所需费用约3万日元。

二、由于不能转移到东海道线高架轨道，淀川—大阪间地上铁道口事故多发，附近居民对阪急怨声载道。

三、新大阪站改良工程注入的约600万日元成为无用之花费，仅利息就达数十万日元。

四、由于阪急问题没有解决，吹田—须磨间的电气化计划缩短为大阪—须磨间，给吹田方面的通勤旅客造成不便。

这个新闻报道本身并无谬误。但是只罗列了铁道省作为十字路口问题"被害人"所蒙受的损失，丝毫没有提及阪急方面的辩

---

[1] 《大阪朝日新闻》，1933年（昭和八年）4月26日。

解。正是因为新闻媒体这种失之偏颇的报道，才导致群众"对阪急怨声载道"。

3. 小林一三社长辞职

像阪急那样 —— 京阪省线电气化期成同盟会

1933年6月，阪急还在抗议，铁道省大阪铁道局愈发不满，下达了新指示。铁道局认为，十字路口问题无法在东海道本线电气化完工之前解决。于是决定把大阪—神崎间高架线和地上线连接，从大阪出发的电车在架有高架线的大阪站过轨。除此之外，别的电车照常运行，并开始了使用地上大阪站的桥梁建成工程。"这项工程需要6个月，最迟8月动工，否则赶不上阪急电气化。大铁局对阪急下达的返还土地的通告，期限为9月30日。但就连这点时间，也等不了了。大阪改良事务所为了筹备桥梁建设，忙得焦头烂额。"（《大阪朝日新闻》，1933年6月23日）

但是，得知这项本没必要的工程动工后，市民的反响对阪急非常不利。这一年7月，东海道本线京都—大阪间沿线居民结成了"京阪省线电气化期成同盟会"。同盟会向大阪铁道局上交陈情书，主张十字路口问题决不让步，必须按照既定计划，对东海道本线施行电气化和高架化。对此，《大阪每日新闻》作出了如下评论。

> 铁道当局决定实施省线京阪间的电气化计划之时，阪急轨道切换问题终于激起沿线居民不满。京阪间各町村结成京阪省线电气化期成同盟会，其代表斋藤大阪府议员等10名成员上午11点到访大铁局，和片冈运输课长、斋藤大阪改良事务所长面谈。代表们上交了约1万人签字的陈情书，希望尽早实施电气化。（中略）斋藤改良事务所长说："京阪间省电计划9年之内投入使用。但因阪急切换工程，一个公司妨碍了整个工程进展，导致国家交通机关主建工程不能如期开展，令人感到遗憾。本省工务局正极力交涉，近期会找到解决良策。"（《大阪每日新闻》，1933年7月19日）

引文中值得注意的是"但因阪急切换工程，一个公司妨碍了整个工程进展，导致国家交通机关主建工程不能如期开展"这样的表述方式。不管铁道省大阪改良事务所是否发表了上述言论，把"一个公司"和"国家交通机关"进行比较，就明白无误地向读者传达了一条讯息：前者邪恶，后者正义。

那么，读者是否会接受这套说辞呢？这则报道和本节开头提到的《大阪朝日新闻》立场一致，二者都在谴责阪急。对此，阪急员工铃木祥六郎在回忆录中反驳道："新闻媒体哗众取宠，致使事件更加错综复杂。全社会都误认为阪急无理取闹，索取不合理的费用，故意阻挠省线高架建设。"[1]

彻底失败

到了1933年7月末，舆论沸腾，迫使阪急向铁道省妥协。8月，阪急顾问冈野升（1876—1949）和专务上田宁（1873—1949）终于下令让步。[2]

自此，铁道省提出的要求得以满足，阪急高架线被拆除。作为悬案的国铁东海道本线吹田—须磨间电气化和大阪站附近高架化得以实现。同一时期，神户线终点三宫的高架线路顺利完工。最终，阪急在十字路口问题上无法贯彻自己的主张，彻底失败。

《大阪朝日新闻》以"癌症消解""'公众优先'的胜利"为题对此进行了报道。

因大阪站内铁道交叉地点的切换问题，铁道省和阪急电

---

[1]　铃木祥六郎《关于省社线切换工程和梅田站改良工程》。

[2]　《大阪每日新闻》，1933年（昭和八年）8月3日。

铁公司争执不休。阪急公司顾问冈野升和铁道省久保田次官、大槻监察官多次商谈，始终未果。铁道省一直主张无条件解决，不肯让步。阪急公司没有兑现承诺，导致铁道省电气化工程延迟，给当地居民带来不便，群情激愤。在舆论压力下，阪急终于做出让步。最终，冈野和铁道省达成了一切无条件解决的方案。本周阪急公司领导层商议后将会正式实施。（《大阪朝日新闻》，1933年8月2日晚报）

十字路口问题终于得以解决。最关键的，就切换工程所需费用由谁来负担的问题，双方也达成了一致。阪急无须独自负担，"在互让精神指导下，双方承担各自工程费用"（《大阪朝日新闻》，1933年8月3日）。阪急虽然向铁道省让了步，但从这点来看，也报了一箭之仇。

民众背叛 —— 小林社长辞职

坚持建高架的铁道省取得了胜利，但阪急接下来要面对的，远不止这些。

1932年，为纪念公司成立25周年，《阪神急行电铁二十五年史》发行。小林在书中发问："公司未来将如何发展？"答曰："为了公司繁荣昌盛、长久兴隆，我们必须站在公众（乘客）的立场上考虑问题。一切决策都应以乘客利益为出发点"。[1]然而，10个月后，十字路口问题败北，阪急被自己深信不疑的大阪民众给背叛了。十字路口问题的解决，给阪急带来的代价，不可谓不重。阪急从此丧失了多年积累的、在公众心中的信用。

1934年1月，亲历阪急败北的小林一三辞去了社长一职，转任会长。他的主要工作地点也从大阪转移到了东京。之后，小林出任东京电灯（现东京电力）社长。除了半官半民的"满铁"之外，东京电灯为当时日本最大的民办企业。小林自1927年起与其有业务往来。自此，小林把主要精力放在了电气行业，日渐疏远铁道行业。他辞职后，阪急社长一职暂时无人接替。1936年8月，曾为解决十字路口问题四处奔波的副社长上田宁继任社长。[2]但是，2个月之后，小林辞去会长职务，上田也从社长任上退下。小林一手打造的阪急时代，终于落下了帷幕。

"铁道未有之大工程"

国铁和阪急的高架切换工程，从小林辞掉社长4个月之后的

---

[1]　小林一三《这家公司的前途会怎样？》（《阪神急行电铁二十五年史》，第34页）。

[2]　《阪急手册92》（阪急电铁株式会社，1992），第21页。

1934年5月31日深夜至6月1日深夜进行。[1]为了不影响双方列车正常运行，一夜之间，国铁轨道要从地上转移到高架，阪急的轨道要从高架转移到地上，这可谓"铁道未有之大工程"（《大阪朝日新闻》，1934年5月31日）（参照第210页上图）。

关于这一事件，京都第三高等学校[2]二年级学生细江正章回忆道："大阪站东边，高架桥基已经完工，只剩搭建桥梁和铁轨。几万道投光器耀眼的光束，照向架在阪急轨道上的巨大桥梁和四周的大型吊车。军舰的甲板都显得黯淡了。国铁和阪急出动2000多名员工，大家忙得热火朝天。" [3]

对于这项切换工程，铁道省和阪急的当事人，又如何看待？下面引用的是铁道省大阪改良事务所所长古谷晋和阪急副社长上田宁的话。

铁道省

5月31日晚11时40分，阪急撤离。随后，完成高架线的切断去除工作。铁道省没有留下任何架设铁轨的障碍物，

---

[1] "起初铁道方面有意在昭和九年三月底之前进行切换，所以为了适应这一要求加紧了准备，但之后由于铁道方面的原因，在五月七日左右接到了铁道部大阪改良事务所所长的公文通知。"（《京阪神急行电铁五十年史》，第56页）

[2] 现京都大学的前身之一。——译注

[3] 朝日新闻大阪总公司社会部编《大阪车站物语》（弘济出版社，1980），第86页。

地面空空荡荡。17分钟后，11时57分，下达架设桥梁命令，开始运送铁制桥梁。（中略）那么是什么促成了这次合作？这是双方对工作认真负责的态度，以及不计前嫌、精诚合作的结果。铁道省和阪急真正实现了互相合作，我感到很愉快。[1]

阪急

铁道省非常体谅阪急，阪急绝无阻碍省线电气化的企图。阪急并不是唯利是图的公司。正是双方互相理解，事件才得以妥善利落地解决。[2]

铁道省称与阪急"真正实现了互相合作"，阪急也称铁道省"非常体谅阪急"。双方过去的纠葛，都被一笔勾销。

秩父宫访问伪满洲国

1912年大阪行幸时，昭和天皇对"官民协力"颇为看重，实际情况也没让天皇失望。阪急梅田终点站，由高架站变为地面站。

---

[1]　古谷晋《回顾大阪站切换工程》(《大大阪》第10卷第7号，1934，第17—18页)。

[2]　《大阪每日新闻》，1933年（昭和八年）8月4日。

员工们在阪急内部高谈阔论："乘客省了上下楼梯的麻烦，这样的车站，才是真正为乘客着想。"[1]由此，小林倡导多年的高架论，在阪急内部也失去了支持者。

6月1日，发往大阪的国铁一号列车，从刚完工的高架线上驶过。细江正章专程乘坐这列火车，他回想道："列车长过来提醒，傍晚将驶入高架线，站台设计不同以往，请乘客们注意。听到这，大家都打开了车窗。跨过淀川，就是高架。工作人员忙了一夜，这时都在铁轨旁边鼓掌。乘客们都探身望向窗外，一齐鼓掌。进入站台之后，工作人员和乘客们，再次拍手称庆。"[2]

在铁道省与阪急相关人员、沿途居民热情的掌声中，切换工程顺利结束了。

次日，代表昭和天皇前往伪满洲国首都"新京"（现长春）的天皇的弟弟——秩父宫雍仁亲王乘坐的御召列车，从东京站出发了。

此辆列车，6月3日早上4点40分左右，俯视着阪急的地上轨道通过了新的东海道本线。一大早，在新建成的大阪站临时停车。"大阪站新建成的高架站台第一次迎接御召列车，为此特意清扫，在焕然一新的第六站台旁（中略），约500人整齐列队，等待御召

---

[1]　铃木祥六郎《关于省社线切换工程和梅田站改良工程》。

[2]　朝日新闻大阪总公司社会部编《大阪车站物语》，第86页。

列车进站。"(《大阪朝日新闻》1934年6月3日临时晚报）

延伸向大陆的"帝国"秩序进一步扩大，也暗示着被囊括其中的"私铁王国"的命运。

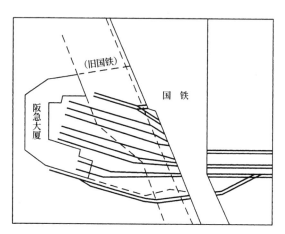

改接工程后的阪急和国铁位置示意

图片来源：《七十五年的历程》记述篇（阪急电铁株式会社，1982），
第20页

建成高架的大阪站

图片来源：明信片，讲谈社写真资料室

第六章　作为"帝都"的大阪

1. 作为大阪市民

三浦周行、鱼澄惣五郎、德富苏峰

象征着"私铁王国"的阪急梅田高架电车线悄然消失，从此不复存在。究其原因，在于从大正到昭和期间发生的巨大的时代变化。具体说来，是昭和大礼之后昭和天皇2次大阪行幸带来的巨大阴影。

和天皇行幸同时期出现、引发社会关注的十字路口问题，是大阪一直存在的两种风土的不同表现。用象征论的表述来说，随着1933年8月十字路口问题的解决，贯彻近代合理主义和反官思想的旧淀川以北的"北部"风土，也就是阪急沿线的风土势力减弱。与之相对，自古以来王权兴盛、历史悠久的旧淀川以南的

"南部"风土，日渐强盛。

但是这种动向，不待十字路口问题解决，关西在住的历史学者、大阪的新闻记者们，就已经有了思想准备。1926年6月，天皇行幸之前，他们不断谈论历史上大阪和皇室的关系，主张人们需要认识到：大阪在成为经济中心和"民众的大都会"之前，曾是象征古代帝王权力的都城。市民逐渐发觉大阪的另一面：和近代"帝都"相对的古代"帝都"。

本章将叙述历史学家代表三浦周行（1871—1932）、鱼澄惣五郎（1889—1959），以及记者代表德富苏峰（1863—1957）的观点。

难波津与皇室

昭和天皇即位之时，三浦周行是京都帝国大学文学部教授、日本法制史的权威。但他并不甘居象牙塔，而是更注重学术研究和现实社会的联系，"不仅要做好本职工作，如授课、发表论文，还要不断向社会普及研究成果，启发民众（中略）。此乃三浦史学的一个重要特点"[1]。

这种倾向，在三浦晚年所处的昭和初期非常明显。1928年12

---

[1] 朝尾直弘《解说》（三浦周行《大阪与堺》[岩波文库，1984]，第251—252页）。

月，大阪中之岛中央公会堂举行"御大典奉祝纪念演讲会"。他和法学者尾佐竹猛（1880—1946）一道踏上讲坛，发表题为"难波津与皇室"的演讲。

这次演讲的内容，在翌年2月大阪都市协会发行的《大大阪》第5卷第2号刊登，为众多市民所知。三浦虽然是学者，但行文通俗易懂。他这样向市民描述大阪的历史：

> 有关难波津与皇室的关系，可以追溯到此大礼起源的神武天皇御东征。天皇御东征之时，舳舻相接，到达难波崎。此时，海浪又急又快，故将此命名为浪速之国，后世讹传为难波，流传至今。天皇为开大业，前往畿内地方，最先抵达的就是难波津。天皇御东征记录中有关于畿内地方的记述，难波之名得以流芳百世。思此，作为大阪市民，应为此地起源于神武天皇，而感到异常荣耀。同时，应比别人对纪念仪式更有诚意、诚心。[1]

三浦的这番言论，来源于1923年发表的《从法制史看大阪》一文。文中把大阪的历史划分为4个阶段，第一阶段称为"皇都时代"。这种观点产生于大正时期，并不是到了昭和时代才突然被

---

[1] 三浦周行《难波津与皇室》（《大大阪》第5卷第2号，1929，第7页）。

想出来的。[1]但需要注意的是，引用文中的最后一句，"作为大阪市民"。

三浦把上古的大阪和昭和初期的大阪重叠起来，把昭和大礼的起源归结于神武东征。对于可以追溯到日本建国之初的大礼，市民应感到"异常荣耀"。他指出了"诚意和诚心"的必要性。此番演讲，让市民想起了已经被忘却的大阪和皇室的深刻关联。不难想象，这对于加强市民对昭和天皇的崇拜，起到了积极的促进作用。

皇室与大阪

鱼澄惣五郎比三浦年轻十八岁，时任大阪府立女子专门学校教授。他的研究方向为日本文化史和日本中世史，熟知大阪历史。昭和天皇行幸之前，他在1929年5月发行的《大大阪》第5卷第5号上发表了一篇题为"关于皇室和大阪的二三事"的报道。这篇报道带有启蒙性质。

鱼澄和三浦一样，强调了大阪是古代"帝都"。比如，《日本书纪》中记有应神天皇的难波大隅宫、仁德天皇的难波高津宫、孝德天皇（596—654）的难波长柄丰碕宫等。

---

[1]　三浦周行《大阪与堺》，第78页。

> 大阪地区是古代帝都，屡屡被安治平定。今天大大阪发达，承载着帝都光荣，受到了文化方面的恩惠。日本文化发祥地不出大和川流域。古老的大阪地处河口，较早发展起来。朝廷也很重视本地的产业发展。[1]

鱼澄举例了昭和初期"大大阪发达"与"大阪地区是古代帝都，屡屡被安治平定"的关系。他和三浦一样，把古代大阪和当时的大阪结合起来。可以把他的思想当作对三浦演讲的补充。

从昭和大礼举行的1928年11月起，到天皇访问大阪的1929年6月为止，这一时期前后，《大大阪》中关于大阪城市规划的报道减少，有关天皇行幸和皇室历史的报道突然增多。发表文章的人物，不仅有学者，也包括市长关一。关在1929年就行幸事宜为《大大阪》执笔，发表《奉迎行幸》《追忆大阪行幸》等报道，向市民强调行幸的意义。

德富苏峰成为大阪每日新闻社特约记者

众所周知，德富苏峰是活跃在明治、大正、昭和3个时代的著

---

[1] 鱼澄惣五郎《关于皇室和大阪的二三事》(《大大阪》第5卷第5号，1929，第6页）。

名记者。1890年，他在东京创办国民新闻社。直到1929年1月，都任社长一职。个中经过，用他自己的话说就是："自帝国议会开设以前，藩阀专横之时，我就开始提倡平民主义。从明治末期到大正、昭和时代，党争激烈，国民惶惶不可终日，我又提出了皇室中心主义。" [1]

辞去国民新闻社工作的苏峰，有很多新闻社邀请他继续为报刊执笔。同年4月，他确认了"我所持的一君万民的皇室主义，和《大阪每日新闻》宗旨一致相同" [2]。之后，他顺理成章地接受了邀请，成为大阪每日新闻社的特约记者。4月1日的报社通告为"迎接笔政界第一人德富苏峰先生挥笔本刊"。 [3]

从4日开始，之前在《国民新闻》连载的"近世日本国民史"系列开始在《大阪每日新闻》早报上刊登，时政评论和别的内容，也同时在晚报连载。这是苏峰首次在大阪新闻界亮相。和三浦、鱼澄不同，他并没有把大本营移到关西地区，依然在东京写新闻报道。

但是，这并不意味着当时的苏峰对大阪没有兴趣。相反，他

---

[1] 德富苏峰《向〈东京日日〉及〈大阪每日〉的各位读者问好》(《新闻记者与新闻》[民友社，1929]，第202页)。另外，关于本资料的阅览，对德富苏峰纪念馆（神奈川县中郡二宫町）的高野静子女士深表谢意。

[2] 《苏峰自传》(《日本人的自传》第5卷 [平凡社，1982]，第325页)。

[3] 《每日新闻七十年》(每日新闻社，1952)，第268页。

对这个日本第一的大都市，表现出了浓厚兴趣。比如，4月14日，在大阪每日新闻社特约记者招待会上，他发表如下致辞。

> 我觉得（中略）另一方面，大阪物质的进步，有目共睹。在精神方面，我衷心希望大阪能开个好头，起到指导天下人心的作用。（中略）若干年后，为了自己将来也能成为大阪市的一员，行使市民权利，现在我将诚心诚意为大阪的发展尽己所能。[1]

文中指明，苏峰认为和"物质的进步"相比，大阪在"精神方面"还没有"起到指导天下人心"的作用。因此，所谓"我将诚心诚意为大阪的发展尽己所能"，意味着苏峰希望通过自己的努力，使大阪的"精神"能达到和"物质"相匹敌的地步。但这里所说的"精神方面"到底指的是什么，暂时还不清楚。

《奉迎当今天皇陛下》

苏峰任职大阪每日新闻社不久，发挥他思想用武之地的绝佳

---

[1]　德富苏峰《执笔〈大阪每日〉〈东京日日〉所感》（《新闻记者与新闻》，第213—214页）。

机会到了。不必说，那就是同年6月的昭和天皇大阪行幸。苏峰在天皇到达大阪当天，在晚报发表了《奉迎当今天皇陛下》一文。

> 现代大阪，是帝国工商业中心、金融枢纽、内外贸易中心。作为帝国最关键的地区，它在历史上也拥有显赫地位。（中略）日本开国之初，大阪和我国皇室、帝国文化有很深的渊源。我生于昭和时代，吾皇行幸此地，值此奉迎之际，不禁怆然感慨，苍茫千古之情在胸中回荡。（中略）自古工商业发达之地，多偏向物质主义，人心往往被利益驱使，容易激愤极端。但是我们大阪市，不仅是物质的霸都，也是帝国文化都府。（中略）今日圣驾亲临，可谓划时期事件。我和大阪市民一同，期待大阪成为帝国尊皇爱国思想的中心。这正是大阪市民的特殊才能，也是大阪市民值得夸耀的地方。（《大阪每日新闻》，1929年6月4日晚报）

苏峰举了《日本书纪》中神武东征及仁德天皇迁都难波的例子，说明了建国以来，皇室和大阪源远流长的关系。当今正值昭和天皇访问大阪，"不禁怆然感慨，苍茫千古之情在胸中回荡"。他也和三浦、鱼澄一样，有意识地把上古大阪和昭和初期的大阪重叠起来。

还需要注意的是，引文中"霸都"和"都府"这样的语言组合，通过近代之后成立的"物质的霸都"和上古以来的"帝国文化都府"的对比，强调了后者的重要性。他认为"大阪成为帝国尊皇爱国思想的中心"得益于"大阪市民的特殊才能"。

　　这里，苏峰先前提到的"精神方面"的具体内容逐渐明朗。也就是说，以昭和天皇行幸为契机，他试图把长年推崇的"皇室中心主义"思想，渗透到皇国观念比较淡薄的大阪市民中间。当时的苏峰，已是业界闻名的大记者。他的文章，不再是刊登在发行量19万份的《国民新闻》上，而是出现在发行量约为220万份的《大阪每日新闻》中，这一点意义重大。[1]

　　借由1929年6月的大阪行幸，关西学者和记者等人强调了皇室和大阪的历史关系，对市民进行了"教化"。至此，可以发现，第四章提到的，行幸随行内大臣牧野伸显的观察，并不完全正确。牧野看了大阪市民的奉迎之状，在日记里写下大阪虽然"和皇室因缘（较）浅"，但有"尊崇皇室的强烈信念"。对此他很惊讶。但实际情况却恰恰相反。可以说，市民郑重的态度，是在得知古代大阪和皇室的渊源之后，自然流露出来的情感表现。

---

[1]　《国民新闻》《大阪每日新闻》的发行量，根据有山辉雄《德富苏峰与国民新闻》（吉川弘文馆，1992）第284页、山本武利《近代日本的新闻读者层》第412页推算。

2. 天皇的视线

1932年行幸

1929年行幸之前，强调大阪是古代王权"帝都"的言论，以居住在关西的知识分子和有影响力的记者为媒介，形成了一种社会舆论。与此相对，1932年的行幸，则是日本社会"上层"，有意把大阪当作和东京并列的近代"帝都"的表现。终于，在"帝都"东京可以看到的景观，在大阪也真正意义上能看到了。

行幸是同年3月8日决定的。这一天，参谋本部正式对大阪府及奈良县公布了日程：11月9日演习部队集合，11日到13日正式演习，14日阅兵式。[1]但是如前所述，天皇这次行幸的目的，不仅是要对陆军特别大演习统筹监查，还要参拜神武天皇陵、伏见桃山陵，并视察大阪市内情况。特别在大演习之后对统监地区视察，并不是这个时期第一次出现的安排，它来源于昭和初期的行幸流程。

---

[1] 《堺市史续编》第2卷，第396—397页。

三个注意点！

那么，行幸的具体日程如何？下文列举的是天皇抵达大阪站之后的行程。

11月10日

下午4时25分，到达大阪站。4时43分，到达大本营（第四师团司令部），住宿。

11月11日

上午9时42分，从大本营出发。9时50分，到达大轨上本町站。9时53分30秒，从上本町出发。10时30分，到达神武天皇陵前，参拜神武天皇陵。10时52分，从神武天皇陵前出发。11时14分，到达天理。11时30分，到达乘鞍山野外统监部，统监大演习。下午1时15分，从野外统监部出发。2时28分，从二阶堂出发。3时17分，到达上本町。3时29分，达到大本营，住宿。

11月12日

因感冒取消演习地统监。

11月13日

下午1时5分，从大本营出发。1时20分，到达南海难波站。1时25分，从难波出发。1时42分，到达堺东。1时47分，到达讲评场（堺中学）。3时15分，从讲评场出发。3时20分，从堺东出发。3时37分，到达难波。4时5分，到达大本营，住宿。

11月14日

上午9时，从大本营出发。9时9分，到达城东练兵场，阅兵式阅兵。9时33分，从练兵场出发。9时40分，到达大本营。下午1时，从大本营出发。1时7分，到达步兵第八连队赐馔场。1时22分，从赐馔场出发。1时30分，到达大本营，住宿。

11月15日

上午9时17分，从师团司令部出发。9时30分，到达大阪站。9时33分15秒，从大阪出发。10时25分，到达桃山，参拜伏见桃山陵。11时5分，从桃山出发。11时55分，到达大阪。中午12时10分，到达师团司令部。下午1时50分，从师团司令部出发。1时54分，到达大阪府厅。2时57分，从府厅出发。3时，到达辎重兵第四大队营地。3时18分，到达师团司令部，住宿。

11月16日

上午9时，从师团司令部出发。9时14分，到达工业奖励馆。10时15分，到达贸易馆。中午12时5分，从贸易馆出发。12时10分，到达师团司令部。下午2时，从师团司令部出发。2时10分，到达城东练兵场，驾临亲阅式。3时24分，从练兵场出发。4时，到达大阪城天守阁。4时45分，到达师团司令部，住宿。

11月17日

上午7时57分，从师团司令部出发。8时10分，从大阪出发。返回东京。[1]

这次行幸，大致有3个需要注意的地方。第一，大演习结束后，天皇不仅出现在士兵面前，而且还在众多市民聚集的会场再度现身。第二，天皇首次登上重建之后的大阪城天守阁。第三，这是天皇第一次乘坐关西私铁。

其中，和本书关系较为密切的是第三点。但也有必要先对第一点和第二点进行简单介绍。

---

[1] 根据《昭和七年陆军特别大演习并地方行幸之大阪府记录》（大阪府，1934）及《昭和天皇实录》第6部（东京书籍，2016）作成。

亲临城东练兵场

天皇亲自出现在众多市民聚集的大阪市内的公园和广场，这种形式本身，在前文所说的1925年的行启、1929年的行幸中也能见到。前者行启所在地是天王寺公园，而后者则在大手门前奉迎场。分别聚集了2万和2.5万市民。另外，1929年的行幸，从近畿的二府五县里选拔的男女学生、青年团团员和在乡军人约12万人，参加了在相当于宫城前广场的城东练兵场举行的亲阅式。

1932年的行幸，11月16日，天皇参加了在城东练兵场举行的亲阅式。亲阅式上从近畿的二府五县里选拔的人中学生、青年团团员约8.9万人再次集合，进行分列式、齐唱《君之代》、三呼万岁等活动。

如果将1929年的亲阅式算在一起，那么在城东练兵场聚集过的人数就超过了20万。即便在同时代的宫城前广场，也没有连续举行过如此大规模的亲阅式。天皇乘坐台座亲自现身，一边举手回应，一边注视着进行分列式的每一位"臣民"。

通过两个亲阅式，城东练兵场成了"君臣一体"的可视化政治空间。"民都"大阪也和"帝都"东京一样，其市中心成了可以看到"国体"的地方。

登临大阪城天守阁

再看天皇11月16日登临大阪城天守阁的场景。

当时，大阪城作为市民公园，向公众开放。但是，考虑到陆军方面提出的条件，除去市长和记者等相关人员，一般市民被禁止进入城内。若把城东练兵场比作宫城前广场，大阪城则为宫城。天皇在市内最高点，俯瞰日新月异的大阪城区。

以下是有关此场景的描述。

> 虽然难以望见远处烟云缭绕的生驹、金刚绵延的山脉，但宛若一条丝带般流向大阪港的淀川、天王寺塔等景色，却隐约可见。冒着黑烟的工商都市的面貌，被如实地反映出来。陛下停下脚步，饶有兴趣地倾听关市长对城市情况进行的说明。一个小时之前，在城东练兵场举行的亲阅式上，数万年轻人整齐列队。天皇面露微笑，亲自俯瞰这一壮观景象。天皇在回廊里的英姿，让人想起了仁德天皇的御制和歌，随从人员无一不正襟危坐。(《大阪每日新闻》，1932年11月17日)

这个时候，在天皇眼底的不仅是"宛若一条丝带般流向大阪港的淀川、天王寺塔等景色"以及"数万年轻人整齐列队"的城东练兵场，还有正在施工的御堂筋和大阪站，以及代表了"私铁王国"的梅田阪急百货商店、南海难波的高岛屋百货商店等。

和被两条护城河环绕的巨大宫城，以及四周有道路围护的东京不同，大阪的城市空间像围棋棋盘一样被方方正正地分割开来。如果把天皇望向城东练兵场分列式群众的目光当作一道具体的视线，天皇登上大阪城天守阁，把大阪整个城市空间尽收眼底，则可算作抽象意义上的视线。昭和天皇巧妙地使用这两道视线，让大阪呈现出了堪称"帝国"缩略图的政治空间。

"国见"[1]再现

在大阪市中心出现了近代"帝都"的空间，这和当时要忘却"大正"，把昭和天皇和人们记忆中的明治天皇重叠的国家战略一致。

但是，在迎接昭和天皇的市民中，有关古代"帝都"的记忆还延续着。前文引用的《大阪每日新闻》报道中提到的"仁德天皇的御制和歌"，实际上是舒明天皇的和歌。"大和多岭峦，香具最神秀。凌绝顶，望国畴：碧野涌炊烟，沼海舞群鸥。美哉大和国，妙哉秋津洲。"[2]这是收录在《万叶集》卷一中的长歌。昭和

---

[1] 国见，指天皇、君主登高眺望国土河山，吟诗赞美。——译注

[2] 译文参考李芒译《万叶集选：日本古代诗歌集》（人民文学出版社，1998），第8页。——译注

天皇不是和明治天皇，而是和把都城建在大阪城附近的难波高津宫的古代仁德天皇的形象重叠。

这里所说的"望国畴"，其实就是古代皇帝的行幸，指登上统治区域的山岭，巡视国土。[1]特别是大阪，根据《日本书纪》卷十一的记载，"天皇居台上，而远望之，烟气多起。是日，语皇后曰：'朕既富矣，岂有愁乎？'"[2]仁德天皇的"国见"很有名。登上天守阁俯瞰市区的昭和天皇的这种政治行为，不禁让人想起仁德天皇的国见。[3]

关一也陪同天皇参观了天守阁。他记录了当时的情景。

从8层到1层，天皇之玉步跨越了164级阶梯，前后约40分钟。他非常热心地巡视，因此，时间也比计划的稍微延迟了一点，吾等诚惶诚恐。天皇从高处俯瞰大阪市，这令我们

----

[1] 仁藤敦史《古代王权与行幸》（黛弘道编《古代王权与祭典》[吉川弘文馆，1990]，第7页）。

[2] 《日本古典文学大系六七：日本书纪》上，第390—391页。

[3] 裕仁皇太子摄政的1921年，以中之岛的市政厅建设为契机，制定了《大阪市歌》。其歌词也唤起了有关仁德天皇的记忆。可以说，每当在某些活动中吟诵市歌时，大阪市民心中就会树立起大阪作为"帝都"的形象。歌词采取了公开征集的形式，来自全国的2398篇歌词参加应征，森鸥外和幸田露伴等负责审查。结果，香川县三丰中学校长堀泽周安的作品入选。作曲是东京音乐学校副教授中田章。（以上，根据大阪市宣传科的告知作成。）以下，记录一部分歌词："大阪市因高津宫自古以来的繁荣，各家各户，炊烟袅袅，热闹非凡。"

备感荣幸。吾皇让人想到仁德帝之仁慈，感人至深。[1]

关口中"仁德帝之仁慈"所描绘出的天皇的画像，相比于把近代"帝都"东京当作都城的大元帅，更接近是把都城放在古代"帝都"大阪的儒家圣人形象。1929年行幸之际，关一的古代天皇观念，和强调古代大阪和皇室关系的三浦周行、鱼澄惣五郎、德富苏峰的言论一致。

3. 一生一次的奉公

划时代事件 —— 行幸使用大轨、南海

但是，1932年行幸最引人注目之处还是昭和天皇首次乘坐私铁。天皇作为陆军特别大演习的统监去参拜神武天皇陵，进入了"私铁王国"的内部，利用了本来从东京直达的御召列车进入不了的关西私铁。

具体说来，大阪电气轨道的上本町—神武天皇陵前（现亩傍

---

[1] 关一《圣上陛下登临天守阁》。

御陵前）间、神武天皇陵前—天理间、二阶堂—上本町间和南海
铁道的难波—堺东间，不是国铁的御召列车，而是各私铁公司独
自制造的御召电车在运行。这些私铁沿线，有很多第二章提到的
天皇陵和古坟，是古代帝王经常行幸的地方。不用说，这件事更
加凸显了"南"的风土。

虽然这不是昭和天皇第一次乘坐私铁行幸，但之前的私铁行
幸仅限于东海地区和山阳地区这些不通国铁的地方。与此相对，
这次行幸尽管也涉及大阪和亩傍以及天理（丹波市）之间有国铁
关西本线和樱井线（和后文大轨的樱井线不同）运行的地域，但天
皇还是决定完全使用私铁。这是划时代的事件。确实，从大阪前往
亩傍和天理，使用全线电气化、距离较短的大轨远比国铁要快。

"本公司无上光荣"

以宫内省为首，参谋本部、铁道省、通信省相关人员对大轨
及南海沿线的实地考察在同年4月启动。4月6日，相关人员在上本
町的大轨总公司集合，召开"御召列车运行准备会"。"首先在樱
井、亩傍、奈良线等大轨全线进行细致的实地考察"，次日，在南
海难波站集合，"实地考察本站到堺东站路段"。[1]

---

[1] 《昭和七年陆军特别大演习并地方行幸之大阪府记录》，第395—396页。

到了6月下旬，铁道省相关人员以及大阪府的职员进一步对沿线进行了周密的调查，从大轨和南海各站开始，御召电车通过的区间，除了徒步检查，还更换了铁道转辙器和枕木，改良了铁道口断路器等。[1]铁道省认为私铁的质量没有国铁优良，所以必须要把它建成符合御召电车通行标准的轨道。

随着陆军特别大演习的临近，大轨和南海的职员们一天比一天紧张。距离昭和天皇首次乘坐关西私铁的日期还有一个月左右的1932年10月4日，大轨社长金森又一郎（1873—1937）对全体社员作了如下训示。

> 我接到大元帅陛下因今秋陆军特别大演习，要在本社沿线巡幸，而且要乘坐本社电车的旨意，诚惶诚恐。这是本公司的无上光荣，我很激动。（中略）我们衷心祈祷天皇陛下行幸一路平安，各位要牢记这项沉重的使命，担负起重大的责任。这是我们一生一次的奉公。希望全公司齐心协力、共同努力。[2]

金森略显夸张的"一生一次的奉公"，和当时学校里广为流传的"一旦有紧急情况要英勇奉公，吾国之皇运与天齐，长盛不衰"

---

[1] 《昭和七年陆军特别大演习并地方行幸之大阪府记录》，第395页。

[2] 《大阪电气轨道株式会社三十年史》，第310页。

这一天皇关于教育的训话有共通之处。天皇在"私铁王国"终点站之一的上本町乘坐大轨的电车，这是公司成立以来不敢想象的机会，随之而来的紧张感，从中很容易读出。这之后的11月15日，和国铁同样规格、等同于正式运行的试运行开始了。这使大轨和南海的职员不得不为"奉公的决心"做好万全的准备。

四十五度之最高敬礼

有关11月11日和13日，天皇实际乘坐大轨和南海的日程，此处不再赘述。这两天里，上本町和难波的终点站自不必说，像天理那样的另一个终点站，也和本书开头提到的东京站出现的盛景一样。御召电车到达前大轨天理站的场景如下。

> 常规运行在上午9时之后停止，车站内只留拥有资格的人士，随着时间的临近，大家不断涌入。身穿礼服、庄严肃穆迎驾的地方官员在逼仄的空间里并排站立的场景，和四周的农村街道景色极不协调，若非今日的大御幸断，绝无法见到此番盛况。[1]

---

[1]　《天理时报》，1932年（昭和七年）11月17日。

此时御召电车的编成，不论是大轨还是南海，都是2辆或3辆，和普通的御召列车相比很短，但这是为了行幸特意新调过来的带有菊花纹案的车箱。行幸当天，制作了和国铁相同的运行表，一般乘客被严禁进入站台。

在御召列车通过的大轨和南海的沿线，人们是如何迎驾的呢？10月4日大阪府发布《大阪府告示第六六八号之二》。其中，关于御召列车敬礼的方式，对"注意""敬礼""礼毕"等步骤进行了详尽的规定。

> 敬礼指挥人，在御召列车500米前方下达"注意"的指令，众人一齐脱帽，在御召列车100米前方的距离，"敬礼"一声令下，对御召列车敬礼（上身45度前倾）。"礼毕"声后，上身缓慢回到原处，保持直立不动的姿势目送目迎。[1]

最高敬礼的角度从原来的30度变成了现在的45度，这点值得注意。这种敬礼方式，是针对东海道本线的高槻—大阪间运行的列车的规定。虽然不是针对大轨、南海的御召列车的规定，但对私铁应该同样适用。在"序章"描述过的昭和大礼的光景，现在不是在以东京为中心的"帝都"，而是在以大阪为中心的"私铁王

---

[1] 《昭和七年陆军特别大演习并地方行幸之大阪府记录》，第205页。原文无逗号。

国"内部轰轰烈烈地铺展开来。

私铁沿线，不逊于国铁的奉送迎仪式正在进行，沿线警卫戒备森严。南海御召列车运行的11月13日，沿线"单侧每33.44米就有一位巡警"[1]。在大轨的御召列车运行的11月11日，沿线同样戒备森严，"单侧每48.48米配置一位巡警"[2]。也就是说，2条轨道都是每隔30米至50米就配备一位巡警。这种规格的警卫配备，远超昭和大礼。

"为了国家、为了事业"

在严密的护卫之下，御召列车安全行驶。11月11日，大轨的金森又一郎社长公布了如下有关皇室的发言。

> 本公司接受了迎驾这一御用之一部分，我和诸君一道，谨慎奉迎一天万乘之天子，得到了这个对于敝公司来说无上光荣的机会。这是公司全体员工认真工作的结果，为了国家、为了事业，我们痛感肩上责任之重大。[3]

---

[1] 《昭和七年陆军特别大演习并地方行幸之大阪府记录》，第451页。

[2] 同上。

[3] 《大阪电气轨道株式会社三十年史》，第314页。

同月26日，紧接着社长的发言，大轨专务种田虎雄（1937年金森死后任社长。1884—1948）做出了如下训示。

> 我们大轨和参宫急行前途多难，诸君此前在御召列车运行之际，表现出团结一致的精神。我相信如果有这种精神，此次破除前方艰难，让公司未来更加繁盛，绝非难事。[1]

金森认为企业不是为地区居民，而应"为了国家"。这和御召列车运行之际，认为公司"团结一致的精神"被发挥出来的种田的观点，并不矛盾。

当以"北部"的梅田为舞台的十字路口问题成为导火索，致使阪急独自应对铁道省的这一时期，在"南部"建立终点站的大轨和南海却已经遵循了天皇期待的"官民协力"方针。同时，在大阪市中心出现"帝都"东京的政治空间的同时，市民眼中的大阪也从小林所说的"民众的大都会"变为了另一幅景象——关于古代王权的记忆复苏，这个记忆和昭和天皇重合，而且刚好符合这一时期的国家政策。引领1930年"私铁王国"的已不再是阪急，而成了大轨及其伞下的私铁。

---

[1] 《大阪电气轨道株式会社三十年史》，第315页。

行幸翌年，1933 年 2 月 11 日，大阪市民聚集在举办纪元节建国祭的大阪市中之岛公园

图片来源：讲谈社写真资料室

迎接天皇的上本町在建中的大轨大楼

图片来源：讲谈社写真资料室

相关年表 IV

1931年（昭和六年）	9月	九一八事变爆发
	11月	大阪城天守阁复兴竣工
	12月	（东京）京成线在日暮里建成终点站
1932年（昭和七年）	6月	《大阪朝日新闻》的报道使阪急十字路口问题广为人知
	10月	东京市合并周边町村成为"大东京"市，面积、人口重返日本第一
	11月	昭和天皇行幸大阪，登临大阪城天守阁，首次搭乘关西私铁
1933年（昭和八年）	2月	城东线电气化
	3月	京滨电铁终点站从高轮转移到品川
	4月	"新大阪之癌"报道见报
	5月	大阪市营地铁开业（梅田—心斋桥）
	7月	"京阪省线电气化期成同盟会"要求尽快完成东海道本线的电气化和高架化
	8月	帝都电铁在涩谷建立终点站 阪急同意去除高架线，十字路口问题以阪急失败告终 阪急神户线决定以高架形式进入三宫（1936年4月开通）
	12月	（东京）京成把线路从日暮里延长到上野
1934年（昭和九年）	1月	小林一三辞去阪急社长，担任会长
	5月	国铁和阪急的高架交换工程完工
	6月	秩父宫代表昭和天皇访问伪满洲国，途中通过高架形式的新大阪站
	11月	东横百货商店在涩谷开店
	12月	丹那隧道开通
1935年（昭和十年）	1月	关一逝世

1936年（昭和十一年）	3月	阪神地下轨道区间延长到元町
	8月	上田宁任阪急社长
	9月	参急和伊势电气铁道合并
	10月	小林一三辞去阪急会长，上田宁辞去阪急社长
	11月	阪神梅田附近地下工程开工（1939年3月开通）
1937年（昭和十二年）	7月	卢沟桥事变爆发，全面中日战争开始
1938年（昭和十三年）	6月	关西急行电铁（关急）开业，大轨、参急、关急上本町—名古屋间开业
1940年（昭和十五年）	2月	纪元二六〇〇年
	6月	昭和天皇行幸京都、伊势神宫、橿原神宫，10日参拜伊势神宫
	7月	小林一三就任第二任近卫内阁工商大臣
1941年（昭和十六年）	3月	大轨和参急合并，更名为关西急行铁道（关急）
	4月	小林一三辞去工商大臣一职
	12月	太平洋战争爆发
1942年（昭和十七年）	12月	昭和天皇行幸伊势神宫
1943年（昭和十八年）	10月	京阪和阪神急行合并，成立京阪神急行电铁
1944年（昭和十九年）	6月	关急和南海合并，成立近畿日本铁道

结论　纪元二六〇〇的景观

"神都"宇治山田

讽刺的是，阪急在十字路口问题上输给铁道省、大轨和南海行驶御召列车的1930年，刚好是"私铁王国"往东部进一步扩张的时代。

其中，以运输从关西地区去往伊势神宫的参拜者为主要目的，参宫急行电铁（参急，现近铁大阪线及山田线）作为大轨的兄弟公司于1927年成立了。3年后，在铁道建设中最为棘手的难关——三重县青山山口，当时私铁最长的青山隧道开通。1931年，大轨樱井线（现近铁大阪线）将终点站设为樱井。这条线路途经名张、松阪，抵达伊势神宫的玄关站宇治山田，采用和大轨相同的1435毫米的轨道宽度，而且开通时即全线电气化。由此开始，从上本町到宇治山田的137.3公里路线，仅由一条轨道就可以连通。从大轨的起点去参急的终点只需2小时15分钟的高性能特快电车诞生了。

这里需要注意的是，20世纪30年代伊势神宫在日本思想领域所占的巨大比重。"伊势神宫"只是俗称，它的正式称呼就是"神宫"。外宫（丰受大神宫）供奉执掌皇祖神天照大神饮食的丰受大神，内宫（皇大神宫）则祭祀天照大神。内宫和外宫一起被称作"正宫"。外宫直到江户时代都香火鼎盛，明治以后，天皇才登上历史的正面舞台，使祭祀天照大神的内宫的重要性凸显，宇治山田市（现伊势市）也开始被称为"神都"。[1]

如果把东京当作"帝国"的政治中心，昭和初期的宇治山田就是"帝国"当之无愧的精神中心。之前从大阪到伊势，搭乘关西本线和参宫线需要约6个小时，参急开通后，直线距离、时间大幅缩短，从大阪到伊势当天即可返回。

甚至，参宫急行电铁还在中途的中川站分流，建成了北上伊势平野，经过津、四日市、桑名等站，最后与名古屋相通的新线（现近铁名古屋线）。其中津—桑名间沿用1936年合并的伊势电气铁道的轨道，桑名—名古屋间则由另一家名为关西急行电铁（关急）的公司开通。

---

[1] 约翰·布林（John Breen）《神都物语：伊势神宫的近现代史》（吉川弘文馆，2015），第46—59页。

1938年6月，大轨、参急、关急3个私铁共同参与的上本町—名古屋间全线开通。连同之前的大阪、兵库、京都、奈良、和歌山二府三县，三重、爱知两县也进入了"私铁王国"的势力范围。但是中川—名古屋间，要和伊势电气铁道1067毫米的轨道宽度相符，所以从上本町到名古屋并非直通电车，往名古屋需要先乘前往宇治山田的快速电车，再在中川换乘名古屋方向的快速电车。

新"圣地朝拜路线"

和以往关西私铁不同，关急、参急选择优先与国铁接轨。参急起点樱井，不仅是大轨樱井线终点站，同时还是国铁樱井线中转站。

参急的四日市、津、松阪、山田（现伊势市）等，和之前铺设的国铁关西本线及参宫线站名相同，原本就是作为这些站台的中转站建设而成。关急的名古屋和桑名，也同国铁东海道本线及关西本线站名相同，皆可换乘国铁。

20世纪20年代，在重视从国铁分离独立出来的"私铁王国"之中，这还是极个别现象。但到了20世纪30年代，这些现象已经反映出"帝国"和"私铁王国"的合作关系。

大轨通过参急、关急进出名古屋，并不仅仅以连接两大都市、提升经济为目的。

　　大轨、参急进军中京[1]所打的算盘，不单是想把大阪、名古屋两大城市连在一起。这样的铁道工程太普通了。大轨曾经在亩傍线外建成八木线，开通了从大阪通往橿原神宫的轨道。之后又创办参急，建成了直通伊势大神宫的电铁。这些工程，无一不体现金森翁一贯的"精神报国"理念。现今，关急开通，铁道一直修到名古屋热田神宫。大轨传统的精神报国信念，得到进一步加强。[2]

　　也就是说，大轨进军名古屋，把大阪和供奉草薙剑的热田神宫连在一起，目的在于进一步加强"大轨传统的精神报国信念"。其终极目标，是把大阪和祭祀神武天皇的橿原神宫、伊势神宫及热田神宫，这3个和皇室关系密切的神宫连接在一起，开辟铁道行业的新"圣地朝拜路线"。

金森又一郎的战略

　　阪急时代的关西私铁，建成了住宅地、游乐场、歌剧院、海滨浴场、棒球场、百货商店等，开辟了以民众为主体的新沿线文

---

[1]　中京指名古屋。——译注

[2]　高梨光司编《金森又一郎翁传》（金森又一郎翁传编纂会，1937），第218页。

化。大轨和参急则采取了不同的经营战略。大轨的直达列车，连接上本町和橿原神宫前、宇治山田，以及名古屋。"私铁王国"的中心变为了"帝国"的精神中心之一。大阪和"神都"，以及"神都"的3处"圣地"，都被一条铁道连接起来了。

大轨社长金森彻底执行了这个战略。1932年，天皇乘坐大轨御召电车行幸之际，他任指挥。可惜的是，金森没有见到上本町—名古屋间全线开通，就于1937年在社长位上去世了。翌年，三重县会议长石原圆吉（1877—1973），对金森生前的业绩评论如下。

> 金森社长的目标，是让一般国民，特别是生活在大城市的人民，尽量参拜与皇祖、皇宗关系紧密的神社，以及对国家有功的忠臣遗迹。为了宣扬皇国精神，要努力引导国民。特别是大阪这样的工业之都，劳动者在节假日，去千日前等花街柳巷寻欢作乐，无论是从思想方面还是从健康方面，都相当堪忧。因此，连接橿原、奈良、京都、伏见桃山、伊势、热田等处的电车被延长、扩展了。[1]

原本，大轨、参急沿线和阪急、阪神沿线相比，大规模的游

---

[1]　高梨光司编《金森又一郎翁传》，第76页。

戏、娱乐设施就很少。虽然较早开通的大轨奈良线（现近铁奈良线）沿线，有上文提到的菖蒲池游乐场，1929年3月，在生驹也开办了生驹山游乐园等，但这些娱乐场所的规模远不及阪急宝冢和阪神甲子园。与此相对，"南部"（旧淀川以南）的大轨及参急沿线，拥有众多天皇陵等巨大古坟，及以伊势神宫、橿原神宫为代表的大型神社。

从"民众的大都会"，转变为另一个"帝都"的20世纪30年代，金森有效利用了这一时代特征。他赌上了公司命运，把大阪和"皇祖、皇宗关系紧密的神社，以及对国家有功的忠臣遗迹"用铁道联系在了一起。

此时，大轨和参急，在金森的指导下，成为"为了宣扬皇国精神，要努力引导国民"的公司，甚至取代阪急成为关西地区"私铁王国"的领导者。金森的方针，被大轨社长继任者种田虎雄发扬，迎来了"纪元二六〇〇年"。

建国奉献队

《日本书纪》卷三，有关神日本磐余彦天皇，即神武天皇之即位，有如下记载。

　　辛酉年春正月庚辰朔，天皇即帝位于橿原宫。是岁为天皇元年。[1]

"辛酉年"，换算成西历为纪元前660年。如果把这一年当作日本建国元年，也就是神武天皇即位纪元（皇纪）的元年，那么1940年即为纪元二六〇〇年，即神武天皇在橿原宫即位之后的第2600年。

这种颇具日本特色的纪元方式，和从1872年（明治五年）开始采用的太阳历，都被官方认可。"春正月庚辰朔"，换算成太阳历为2月11日。庆祝神武天皇即位的"纪元节"，在1947年成为法定假日。和元号、干支相比，"今年是纪元几年"这种说法在社会上还未完全普及，日常生活中也极为罕见。但1940年之后，各地开始紧锣密鼓地筹备起各种庆祝"纪元二六〇〇年"的活动。

作为具体的准备措施，1935年10月内阁成立了"纪元二六〇〇年庆祝准备委员会"，批准"橿原神宫境域及亩傍山东北参拜道路之扩张准备"等6个项目为"政府纪元二六〇〇年奉祝纪念项目"。[2]在祭祀神武天皇的橿原神宫，神域扩张。大轨亩傍的铁轨取道神宫东侧。开始大规模建成橿原神宫站，用来代替之前的终

---

[1]　《日本古典文学大系六七：日本书纪》上，第213页。——原注（本译文引自《日本书纪》[四川人民出版社，2019]，第61页。——译注）

[2]　古川隆久《纪元二六〇〇年奉祝纪念事业政治进程》（《史学杂志》第103篇第9号，1994，第22页）。

点站久米寺。

1938年，被称为"建国奉献队"的志愿者团体在全国兴起。该组织的队员每天都有少则2千人，多则1.7万人。他们大多来自关西地区，会自发聚集在橿原神宫。至1939年11月解散为止，累积多达121.4万人自愿服务过。[1]运输他们的，并不是国铁樱井线。樱井线离橿原神宫很远，且没有从大阪直达的列车。承担运输任务的主要是大轨亩傍线（现近铁橿原线）与大阪铁道（大铁，现近铁南大阪线）。[2]前者有从上本町、京都发往橿原神宫的直达列车，后者则连接了大阪阿部野桥和橿原神宫。

"警笛悦耳"

到了1940年，日本对中国的侵略战争进入了白热阶段。日本国内，以游玩为主的旅行被叫停。但是，为庆祝纪元二六〇〇年，政府鼓励人们前往橿原、伊势、热田各神宫"圣地参拜"。这和金森推进的大轨战略相符。同年1月1日，大轨社长种田虎雄作出了不同寻常的训示。

---

[1] 古川隆久《纪元二六〇〇年奉祝与中日战争》（《传媒史研究》03，1995，第41页）。

[2] 大阪铁道原本濒临破产，但因公元二六〇〇年相关运输，大幅增收，1940年恢复了四分红利制度。（古川隆久《纪元二六〇〇年奉祝与中日战争》）

　　值此光辉二六○○年盛典，国民全体，一齐追慕皇祖天照大神之圣心及神武天皇之伟业。人们在伊势大庙及橿原神宫前亲切跪拜，感谢神灵。祈求皇室隆运，苍灵安生，皇军武运长久，圣战圆满获胜。参拜之人，从全国各地一齐涌来，场面壮观。我们公司的发展方向和此二神宫相通。把这些乘客运送到这里是多么幸福，多么光荣的事！（中略）为准备此盛典，在万古不变亩傍山麓，橿原神宫重新翻修，神域也得以扩张。神宫变得更加美观、庄严。纪元二六○○年，春光旖旎，大和平野重现往日之光。远眺三山，烟霞缭绕，警笛悦耳。我们公司的电车纵横行驶，满载乘客。这些乘客，满腔崇祖敬神之心，为生在至尊无上的皇国而欢呼雀跃。把他们运送到焕然一新的神宫站前，我们深感光荣！期待诸君勇敢跃进、团结一致，把这项任务圆满完成。[1]

　　得此训示，大轨、参急（同年与关急合并）、奈良电气铁道（现近铁京都线）3家公司，互相过轨运行。奈良电气铁道，连接奈良和京都，在西大寺和大轨接轨。这3家公司的快速电车固定循环运行：大轨在上野町和橿原神宫站（现橿原神宫前）间，10分钟或者15分钟一班；参急在京都和橿原神社间，15分钟一班；奈

---

[1]　《大阪电气轨道株式会社三十年史》，第480页。

良电气铁道在上本町和宇治山田、名古屋间，30分钟或60分钟一班（参照第255页插图）。[1]

这3家公司，还和铁道省合作，为了吸引从东京、名古屋来参拜"圣地"的团体游客，运行了团体专用列车。其游览线路为"始发站—山田（宇治山田）—橿原神宫—奈良—京都—发站（或者是反方向线路）"。其中，出发站—山田间、京都—始发站间是国铁，宇治山田—京都间分别由大轨、参急、奈良电气铁道负责。[2]

橿原神宫和伊势神宫的参拜人数，仅一年就分别达到971万和792万左右，[3]创下有史以来的最高纪录。以大轨和参急为首的私

---

[1]　《大阪电气轨道株式会社三十年史》，第346—348页。另外，通过大轨、参急、奈良电气铁道的相互交错行驶，大阪和京都也出现了将"圣地巡拜"引入郊游和修学旅行之地的小学。例如，1940年京都市立开智小学的"第六学年郊游实施要项"中，5月就利用奈良电气铁道和大轨参拜神武天皇陵、橿原神宫，利用大轨和参急参拜伊势神宫并在二见浦住一夜，第二天乘坐国铁去名古屋参拜热田神宫，最后利用东海道本线返回京都。参见山本信良、今野敏彦《大正、昭和教育的天皇制意识形态》（新泉社，1977），第404页。

[2]　《大阪电气轨道株式会社三十年史》，第348页。

[3]　1940年橿原神宫、伊势神宫的参拜人数数据分别出自《橿原市史》本篇上卷（橿原市政府，1987）第423页和《参宫客的变迁（明治、大正、昭和）》（伊势市产业部观光科，1990）。其中，伊势神宫的参拜人数为内宫和外宫加起来的人数。在此，特别感谢提供后者资料的加藤和则先生。

铁运输，功不可没。[1]20世纪30年代，"私铁王国"成为帝国的组成部分，铁道网也随之扩大。这是其巅峰时代的一个表现。

1940年行幸

那是发生在1940年6月9日的事。其时，大轨、参急和奈良电气铁道正从大阪、京都，并与铁道省合作从东京、名古屋，把大批参拜游客运送到伊势及橿原。

上午9点20分，昭和天皇搭乘的御召列车，在众多政府官员目送之下，驶出东京站第四站台。此次行幸的目的是，"时值纪元二六〇〇年之佳季，祈求和御奉告一道克服时艰"（《大阪朝日新闻》，1940年6月1日）。天皇参拜了伊势神宫、橿原神社，以及神武、仁孝、孝明、明治各天皇陵。

列车经由东海道本线，于当天下午5点30分，抵达京都。天皇下车后直接入住京都御所。

10日，御召列车经草津线、关西本线、参宫线在京都和山田之间往返，天皇分别参拜了伊势神宫外宫与内宫。

---

[1]　此时，在密切合作的基础上，大轨和参急于1941年3月合并，公司更名为关西急行铁道。关西急行铁道除了进一步合并大阪铁道等线路之外，还在1944年与南海铁道合并，诞生了近畿日本铁道，也就是现在的近铁。但是，旧南海铁道在战后再次分裂，成为现在的南海电气铁道。

11日，列车经奈良线、樱井线在京都和亩傍之间往返。天皇分别参拜了神武天皇陵及神域扩张之后的橿原神宫。这是天皇即位后，首次参拜橿原神宫。

12日，天皇分别参拜了任孝、孝明天皇陵及伏见桃山陵。翌日又经东海道本线，返回东京。另外，大轨预计天皇这次行幸会再次利用私铁，因为特意制作了名为"SA2600"的御召列车。[1] 但实际上，天皇并没有使用大轨和参急，而是全程搭乘国铁。

丹那隧道已经开通。东京—沼津间则由电气机关车取代了SL，虽然有提速程度的差异，但在东京和京都之间、京都和伊势之间、亩傍及桃山之间各自往返的御召列车本身，和1928年11月的昭和大礼毫无二致。沿线各站，地方豪绅及大、中学生，在事先确定好的场所列队。秩序井然的"迎驾"场面，再次上演。[2] 从这个意义上来说，这次"行幸"的景观是"序章"中提到的昭和大礼行幸景观时隔12年的重现。

但是另一方面，这次行幸和大礼行幸的不同之处也显而易见。

---

[1]　星山一男《御召列车百年》（铁道图书刊行会，1973），第110页。

[2]　不过，如上所述，学生的最高敬礼方式，在1932年行幸时发布的大阪府告示中规定，角度从30度改为45度。此外，1937年6月，文部省训令又规定了"行幸启之时，学校职员、学生、儿童敬礼方式"，增加了更细致的动作规定。详见《续现代史资料9》教育2卷，第229—230页，以及拙稿《向御召列车敬礼》（《铁道故事一则》[讲谈社现代新书，2003]，第46—49页）。

1940年的行幸，从伊势扩展到橿原、桃山。御召列车经过的津、松阪、山田各站和国铁参宫线相接的"私铁王国"的轨道，起到了动员大批人群"迎驾"的作用。

更重要的是，天皇参拜内宫和外宫的6月10日上午11点12分和下午1点54分被定为"全国人民默祷时间"，当时的各殖民地，甚至伪满洲国也要同步收听广播报道。以汽笛、钟声为记，全国人们面向伊势默祷。默祷时间不是上午11点和下午1点等整点时刻，这显然因为天皇搭乘的是火车。因为火车不是整点运行，所有才有这种不规整的时间出现。

另据《昭和天皇实录》记载，天皇参拜外宫的实际时间为上午11时4分，参拜内宫的时间为下午1点55分。也就是说，"全国人民默祷时间"比外宫参拜晚了10分钟，又比内宫参拜早了1分钟。[1]但是这点并不为广大人民群众所知，天皇仍被外界认为在预定的时间里参观了外宫和内宫。

"请默祷一分钟"

在"帝国"境内轨道上演默祷场景，是因为铁道省官房人事课及运输局发出了通告。

---

[1]　《昭和天皇实录》第8部（东京书籍，2016年），第93—94页。

一、六月一日，天皇陛下亲拜丰受大神宫、皇大神宫之时，全国人民需在各处遥拜（下略）。

二、列车、船、省营机动车及站台内等，需向一般旅客通告上述遥拜时间。[1]

这种场景并不局限在"帝国"。从以下记录可知，"私铁王国"内部也能看到同样的情况。

十日，值此纪元二六〇〇之际，天皇陛下参拜建国之大根源神宫。请按下列时刻默祷一分钟。

记

一、时间　十日

丰受大神宫御参拜　上午十一时十二分

皇大神宫御参拜　下午一时五十四分

二、地点及方法

于各自工作场所，听从车站站长及工作人员指挥。

梅田、神户、西宫北口设置扩音器，向"站台"处等车的乘客广播下列内容，请其配合。

---

[1] 《铁道公报》第4015号，1940年（昭和十五年）6月8日通报《有关天皇陛下丰受大神宫、皇大神宫御亲拜祭时，全民遥拜的事》（交通博物馆收藏）。

　　"旅客朋友们，现在时间为上午十一时十二分（一时五十四分），天皇陛下正在参拜丰受大神宫（皇大神宫），请默祷一分钟——（一分钟默祷后）——默祷结束。"[1]

　　上文引自1940年6月8日《阪神急行电铁株式会社运输报》中，向各部长发出的关于此事的通报文。不仅是国铁，在设置了扩声器的私铁主要站台，到了上午11点12分和下午1点54分，也会播放广播。人们听到广播后，要一齐向神宫所在地伊势，低头行礼。

　　这个行为，最能体现这次行幸的特殊性。之前的行幸，不论是天皇乘坐御召列车所经之沿线，抑或天皇亲自现身的大阪市内公园、广场和练兵场，天皇的视线始终投向那些向列车郑重行礼、在广场和练兵场高呼万岁的人们。但此次行幸，不光是"帝国"人民，就连"私铁王国"里的人，面向神宫方向一齐低头之时，天皇的视线都没有投向这些"臣民"。

　　那么，这个时候，（人们不禁要问）天皇在干什么？一言以蔽之，天皇正在神前俯首参拜。庆祝纪元二六○○之际，天皇祈求皇祖神天照大神和丰受大神，保佑陷入泥潭的、对中国的侵略战争，能够获胜。也就是说，在天照大神和丰受大神前，虽说天皇

---

[1]　《阪神急行电铁株式会社运输报》1940年（昭和十五年）6月8日，《昭和十五年第一四五号天皇陛下伊势神宫御参拜时刻默祷一事》（阪急学园池田文库收藏）。

是"现人神",但此时,也不过是一位普通臣民。阪急乘客在梅田和神户站台默祷,同一时刻,天皇也(被认为)和他们一样,在神前默祷。

当然,这并不是说,在站台默祷的人们的内心世界也和天皇一样。他们的行为或许只是形式上的相同。但此时的上下关系,不再是天皇—臣民,而是皇祖神天照大神—天皇—臣民。天皇明显成了"上"和"下"的媒介。[1]

1940年6月10日,天皇参拜神宫。这次,他既不去东京又没去大阪,而是前往伊势。伊势已然成为包括"私铁王国"在内的这座"帝国"的新中心。[2]

---

[1] 这种统治形式与古代日本"祭政一致"的基本结构十分相似,见平石直昭《前近代政治观》(《思想》第792号,1990,第150—153页)。丸山真男在分析古代日本政治意识"执拗低音"的《政事结构》(《现代思想》第22卷1号,1994)中写道:"天皇本身其实对皇祖神也有'祭'的奉献关系,从上到下的'政事'显示了同方向上升的形态。作为绝对起点(最高统治者)的'主',严格说来,并不存在。"(第75页,标点依原文。)按照丸山派的主张,此时的天皇参拜神宫,恐怕令"执拗低音"成了主旋律。

[2] 此外,天皇于1942年12月也曾乘坐国铁参拜伊势神宫祈求战争胜利。但战时的这一行幸与以往不同,没有事先通过报纸等媒体通知民众,只有宇治山田市内等一部分地区出现了"奉迎"景象。也就是说,比起广泛地延伸以"帝都"东京为中心的"帝国"秩序,天皇作为包括臣民在内的"臣"的代表向皇祖神天照大神低头的意义更重要。毫无疑问,与1940年6月的行幸相比,伊势的中心性更加凸显。

昭和十五年（1940年）十月号《时间表》。封面印有"协助国策运输""停止游乐旅行"的标语。封底则刊载了大轨、参急"圣朝拜路线"的大广告。参拜神宫已然不属于"游乐"

图片来源：复制版本，作者私藏

（上）建国奉献队

（中）神武天皇陵

（下）橿原神宫

图片来源：明信片，讲谈社写真资料室

伊势内宫

图片来源：明信片，讲谈社写真资料室

后记

到了战后，关西地区"私铁王国"的独立性和其在"旧帝国"中的优势地位再次得以确立。不同于首都圈，以下这种"常识"支配了关西很长时间：国铁（日本国有铁道）是长途旅行使用的交通工具，平时不用，日常生活中人们只乘坐私铁。

但是，1987年国铁成为JR后开始在关西卷土重来。国铁时代开通的东海道、山阳本线的新快速，加上关西本线、阪和线的快速，以及之前只有普通列车的奈良线和福知山线、片町线等线路的快速列车也开始运行。在本书也有提及的片町线和福知山线之间，经由从地下横跨大阪市中心的JR东西线甚至可以互相过轨。

国铁之前和私铁拉开的价格差，由于特定区间票价制度的导入也开始逐渐消解。比如京都—大阪间，现在JR相比同向行驶的阪急和京阪，在所需时间和运输能力方面完全胜出。虽然整体上私铁的优势地位并没有动摇，但纵观近日形势，可知曾经的"私铁王国"正在逐渐瓦解。

不过，直到现在看来，战前以来"私铁王国"的遗产也依旧令人吃惊。典型的例子就是本书论述的JR大阪站和阪急梅田站之间的通道。

现在的阪急梅田站1973年落成。当时，阪急因十字路口问题败北，自1934年起一直使用的地面站台变得局促，于是对终点站进行了大改造，把站台从大阪站南侧移到了北侧，使其再次成为高架站台。即便如此，它和JR大阪站之间，拿东京打比方，就是JR新宿站和京王线新宿站、JR池袋站和西武池袋线之间的距离。二者之间的人行道，不到100米。

但那里至今都没有顶棚。因此，下雨天从JR换乘阪急，至今尚无不打伞能免于淋湿的走法。每次从东京到大阪，我都"期待"：这次天桥一定修好了吧。但每次都以"失望"告终。这不得不让人猜测，在十字路口问题上败北的阪急，到现在还对国铁、JR心存芥蒂。

*

本书是我的第三本专著。前两本分别写的是"朝鲜"和"出云"，这次转向了"大阪"。

学术界推崇多年专注研究一个课题，接连变换研究主题可能会被视为异类。但是，我觉得自己的研究一以贯之。

　　这样说可能招致误解，虽然做得很不够，但这种研究尝试从"外部""异端"或曰"周边"的视角，对近代日本的思想史进行反向观察。此前，在思想史上，我从"朝鲜"反向审视"日本"的"王权"，从"出云"考察"伊势"的神道。在这本书中，我通过私铁所展现的"民都"大阪的发展过程，反向描画出以"帝都"东京为中心展开的"帝国"统治秩序。我的另一本书《可视化帝国：近代日本之行幸启》同样以思想史为主，但却是从"中心"出发来探讨。如您能和这本书一道阅读，我将不胜荣幸。

　　本书的构想，可以追溯到1993年1月，在《铁道日报》宫原正和先生的建议下，以阪急电铁为题材，在该杂志第318期发表的拙文《东西私铁之比较》。

　　其时，恰逢德仁皇太子宣布大婚。各种周刊及月刊有关婚礼地点的报道铺天盖地，充斥在东京私铁车厢的广告栏里。而大阪则是另一种场景。私铁车厢内，关于皇太子婚事的报道很少。论述古代大和政权成立、题为"国家诞生"的阪急文化研讨会的宣传页，却在车厢内大幅张贴。这给我留下了很深的印象，让我至今无法忘怀。当时我在东京大学社会科学研究所法学系任助教，这篇文章，意外地受到了当时经济系经济史专业助教同事的好评。

　　之后，我一边阅读《小林一三全集》，一边和社会学专业研究员深入交流。1997年6月，在东京都立大学召开的第十五届日本都市社会学学会上，我进行了题为"大正、昭和时期关西私铁文化的成立及变迁——以阪急为例"的报告，这也是本书的雏形。东京大学文学部佐藤健二老师邀请我参加了此次会议。会后，我们一边在淡路町和上野界隈漫步，一边闲话近代大阪及私铁。我还要感谢一桥大学社会学系的町村敬志老师，虽然我们的研究领域不同，但他给了我这次机会，使我得以把自己的想法更加条理化。

在本书的编辑方面，讲谈社选书出版部横山建城先生对我进行了无私的帮助。我的所有作品，横山先生都曾过目，再次对他表示衷心感谢。

横山先生和我年龄不同，但大学时代都跟随藤原信保老师学习。恩师已逝，良友尚在，少年时代的读书时光，至今历历在目。

原武史

1998年3月5日

学术文库本后记

　　谷崎润一郎曾经说过，"真正能与东京抗衡的大城市只有大阪"（《我见过的大阪人和大阪人》）。当然，如今与谷崎当时叙述的状况相比已有所不同，位于大阪的公司开始把总公司向东京迁移，大阪市的人口也被横滨市超过了。然而，即使是现在，大阪也仍是"真正能与东京抗衡的大城市"。这一点本身并没有改变。

　　2020年（令和二年）5月，大阪府的新型冠状病毒感染人数仅次于东京都。大阪不仅制定了与东京都不同的自我约束管理标准，还出现了批评政府对策的知事与负责大臣争论的一幕。众所周知，和东京都特别区（23区）一样，"大阪市"作为行政区划被废止后，重新编排出由4个区（北区、中央区、天王寺区、淀川区）组成的特别区，即"大阪都构想"。2025年将是1970年（昭和四十五年）以来，大阪时隔55年再次举办世博会。

　　本书从由讲谈社首次出版以来，已经被阅读了20多年。在此期间，关西的铁道发生了很大的变化。阪急和阪神合并成为"阪急阪神控股集团"，大正时期以来形成的竞争关系不复存在。阪神一直延伸到大阪难波的轨道，和近铁相互过轨。乘坐JR和私铁都可以使用的IC卡"PiTaPa"普及，二者的界限变得更加模糊。阪急、阪神的梅田变为大阪梅田，近铁的上本町变为大阪上本町，近铁的难波变为大阪难波，阪急的河原町变为京都河原町，私铁原本的站名被"大阪""京都""神户"等名称遮蔽。

但是另一方面，有一些东西却始终未变。本书叙述的阪急大阪梅田站、南海难波站、近铁大阪上本町站等终点站，现在依然存在。阪急暗栗色的车厢颜色也未改变。这和模仿JR把车厢改成金属色的关东私铁形成了鲜明对比。最重要的是，在JR大阪站和阪急梅田站之间那座没有顶棚的天桥，也未改变。2011年，大阪站作为"大阪Station"重新向世人亮相，但那座天桥依然很显眼地被保留了下来。

其根源在于，大阪与中央政府以及东京对抗的"民"之姿态。开头也说过，这个姿态甚至在大阪府及大阪市的"官"中间也能看出。大阪原本就是商人的城市，故被称为"商都"。本书借用小林一三所说的"民众的大都会"，创造了"民都"这个词汇，这个词在大阪已经逐渐被接受。2018年（平成三十年）设立了大阪的官民合作民间组织"民都大阪慈善事业会议"。我和这个会议毫无瓜葛，但我觉得这说明"民都"这个词已经获得了市民权。

本书发行时，我应聘到了山梨县甲府市的山梨学院大学教授政治学。从家宅所在地横滨市到大学，即使乘坐特快列车，单程也要花费2小时以上。正如"后记"中记载的那样，对于当时担任编辑的横山建城先生的努力，我至今深怀感谢。

对于本书，当然也有批评。例如，历史社会学家小熊英二先生批评本书的分析是基于二元对立的思考方式，非常机械。甚至有人批评说，大阪是"善"、东京是"恶"的对立模式是事先制定好的，为了与之相匹配，才故意找到相关资料。

但是仔细一看就会明白，本书并不是以抬高大阪、蔑视东京为目的的宣传书。原本，大阪和东京在书中就没有以同样的比重被比较。视角始终偏向大阪。另外，也要注意"北部"和"南部"的区别，不能简单把大阪作为一个统一实体来看待。这次修改的主要内容是，初版发行20多年来发生变化的地方。除此之外没有进行任何改动，也没有改变整体的论点。

恐怕产生误解的原因在于本书的标题。我觉得已经是过了期限，所以可以在此说明。我自己考虑的题目是"'私铁王国'大阪的近代"。但是横山先生说这个标题在东京卖不出去。"'民都'大阪对'帝都'东京"这个题目是横山先生想出来的。因此，"民都"这个词，追根溯源，也可以说是横山先生提出的。副标题之所以叫"作为思想的关西私铁"，是因为本书是以铁道为对象，同时也并非展示经营史、经济史，而展示政治思想史的学术书籍。

不过，大概也可以预想到，会有人说这不是政治思想史。有人在背后说本书只是展现个人对铁道的爱好罢了。

本书的目标之一，是描写不以文本解释为中心的思想史。我有种预感，通过将车站、沿线场所和空间，像文本一样解读，可以描绘出与以往不同的政治思想史。将在2022年发行的放送大学的教材《空间和政治》（放送大学教育振兴会）中总结的"空间政治学"构想，在这个时候已经形成雏形。

对于这样的尝试，当时在东大法学部教授、研究政治学史（西洋政治思想史）的福田有广先生作出了最敏锐的回应。福田先生说被本书触动，特意去了阪急梅田站一探究竟。听到这个消息，我很高兴。除此之外，我也得到了松浦正孝、桥本寿朗、森田修等专业外研究者的积极评价，这里一并表示感谢。另外，福田先生和桥本先生已经分别在三十九岁和五十五岁时去世。

值得庆幸的是，本书获得了1998年三得利学艺奖（社会、风俗部门）。在山梨学院大学的研究室接到电话的瞬间感受到的惊讶之情，我至今难以忘怀。除了为本书写作《解说》的鹿岛茂之外，还有青木保、养老孟司、桐岛洋子等多位来自不同领域的评委对我进行了评价，深表感激。

获奖的新闻在当地报纸《山梨日日新闻》社会版上刊登了三段摘录，这或许与小林一三出生于山梨县有关。小熊英二也参加了在东京会馆举行的颁奖仪式。和同时获奖的四方田犬彦（后来成为明治学院大学的同事）乘出租车去新宿的途中，小熊一边说恭喜，一边还批评了这本书。当时的情景，令人怀念。

本书对于我自己来说也很重要。这次被收录到讲谈社学术文库，能够长久流传下去，真是太令人高兴了。鹿岛茂先生一边笑谈"这是一本超级铁道宅写的书"，一边为我写下了解说。同时，我也向代替横山先生担当编辑的青山游先生表示衷心的感谢。

原武史

2020年7月1日

著作译名表

《20世纪的日本10：东京》『20世紀の日本10　東京』

《21世纪都市社会学4：都市空间、都市身体》『21世紀の都市社会学4　都市の空間　都市の身体』

《阪神电气铁道八十年史》『阪神電気鉄道八十年史』

《阪神急行电铁二十五年史》『阪神急行電鉄二十五年史』

《阪神之间的现代主义》『阪神間モダニズム』

《宝冢战略》『宝塚戦略』

《北部——风土记大阪》『キタ——風土記大阪』

《博览会的政治学》『博覧会の政治学』

《参宫客的变迁（明治、大正、昭和）》『参宮客の変遷（明治・大正・昭和）』

《产业的昭和社会史》『産業の昭和社会史』

《城市政策的理论与现实》『都市政策の理論と実際』

《传媒史研究》『メディア史研究』

《传闻的远近法》『うわさの遠近法』

《大阪车站物语》『大阪駅物語』

《大阪城物语》『大阪ものがたり』

《大阪电气轨道株式会社三十年史》『大阪電気鉄道株式会社三十年史』

《大阪铁道局史》『大阪鉄道局史』

《大阪与堺》『大阪と堺』

《大阪语言事典》『大阪ことば事典』

《大大阪纪念博览会志》『大大阪記念博覧会誌』

《大正、昭和教育的天皇制意识形态》『大正・昭和教育の天皇制イデオロギー』

《德富苏峰与国民新闻》『富徳蘇峰と国民新聞』

《东京大学新闻研究所纪要》『東京大学新聞研究所紀要』

《东京关东大地震前后》『東京・関東大震災前後』

《东京市政论》『東京市政論』

《东亚的王权与思想》『東アジアの王権と思想』

《古代王权与祭典》『古代王権と祭儀』

《关一与中马馨的大阪城市经营》『関一と中馬馨の大阪都市経営』

《光之王国：和辻哲郎》『光の王国　和辻哲郎』

《火车时间表》『汽車時間表』

《堺市史续编》『堺市史続編』

《近代日本的报纸读者层》『近代日本の新聞読者層』

《京阪神急行电铁五十年史》『京阪神急行電鉄五十年史』

《民铁经营的历史与文化》『民鉄経営の歴史と文化』

《明治法令全书》『明治年間法令全書』

《幕末、明治时期的国民国家形成和文化变化》『幕末・明治期の国民国家形成
　　と文化変容』

《南海电气铁道百年史》『南海電気鉄道百年史』

《七十五年的历程》『75年のあゆみ』

《全本皇居前广场》『完本皇居前広場』

《日本车站史》『駅の社会史』

《日本的地铁》『日本の地下鉄』

《日本国有铁道百年史》『日本国有鉄道百年史』

《日本近代神话：明治后期的意识形态》 *Japan's Modern Myths: Ideology in the Late Meiji Period*

《日本人的自传》『日本人の自伝』

《日本私营铁道史研究（增补版）》『日本私有鉄道史研究　増補版』

《"声"的资本主义》『「声」の資本主義』

《神都物语：伊势神宫的近现代史》『神都物語　伊勢神宮の近現代史』

《生活经典丛书第8卷：余暇生活研究》『生活古典叢書第8巻　余暇生活研究』

《实记百年大阪》『実記　百年の大阪』

《田园都市和日本人》『田園都市と日本人』

《铁道故事一则》『鉄道ひとつばなし』

《铁道轨距变化的现代史》『鉄道ゲージが変えた現代史』

《铁道画报》『鉄道ピクトリアル』

《铁道五十年》『鉄路五十年』

《铁道与近代化》『鉄道と近代化』

《铁道之旅：19世纪空间与时间的工业化》 *Geschichte der Eisenbahnreise: Zur Industrialisierung von Raum und Zeit im 19.Jahrhundert*

《土地神话》『土地の神話』

《我们的小林一三》『わが小林一三』

《吾乃危险人物：宫武外骨自传》『予は危険人物なり　宮武外骨自叙伝』

《笑乐谱系 —— 都市与休闲文化》『笑楽の糸譜 —— 都市と余暇文化』

《新闻记者与新闻》『新聞記者と新聞』

《续现代史资料》『続・現代史資料』

《炎热都市、寒冷都市》『熱い都市 冷たい都市』

《逸翁自传》『逸翁自叙伝』

《御召列车百年》『お召列車百年』

《可视化帝国：近代日本之行幸启（增补版）》『増補版　可視化された帝国近代日本の行幸啓』

《昭和初期的天皇和宫中：侍从次长河井弥八日记》『昭和初期の天皇と宮中
　　侍従次長河井弥八日記』

《昭和大礼记录》『昭和大礼記録』

《昭和大礼京都府记录》『昭和大礼京都府記録』

《昭和七年陆军特别大演习并地方行幸之大阪府记录》『昭和七年陸軍特別大演
　　習並地方行幸大阪府記録』

《昭和天皇发言录》『昭和天皇発言録』

《住宅问题与城市规划》『住宅問題と都市計画』

《自传的尝试》『自叙伝の試み』

《作为战略的家人 —— 近代日本的国民国家形成与女性》『戦略としての家
　　族 —— 近代日本の国民国家形成と女性』

文章译名表

《东京急行电铁——战前"东急"的事业展开与涩谷"综合车站"的形成》「東京急行電鉄——戦前期『東急』の事業展開と渋谷『総合駅』の形成」

《东京的市区扩大与铁道网（2）》「東京の市街地拡大と鉄道網（2）」

《两陛下巡览》「両陛下御巡覧」

《关于以梅田为中心的土木建筑和最近的停车场建筑》「梅田を中心とする土木建築事業と最近の停車場建築に就て」

《关于皇室和大阪的二三事》「皇室と大阪——その二三について」

《关于省社线切换工程和梅田站改良工程》「省社線切換工事と梅田停留場改良工事に就て」

《圣上陛下登临天守阁》「聖上陛下天守閣へ御登臨」

《对大阪市民的希望》「大阪市民諸君に望む」

《执笔〈大阪每日〉〈东京日日〉所感》「『大阪毎日』『東京日日』に執筆するに方あたりて」

《每天都是好日子》「日々是好日」

《纪元二六〇〇年奉祝与中日战争》「紀元二千六百年奉祝と日中戦争」

《终点站的魅力》「ターミナル駅の魅力」

《经营土地住宅的鼻祖》「土地住宅経営の元祖」

《这家公司的前途会怎样？》「此の会社の前途はどうなるか？」

《难波津与皇室》「難波津と皇室」

《以交通问题为中心》「交通問題を中心として」

《意义深刻的阪神行幸》「特に意義深い阪神への行幸」

《回顾大阪站切换工程》「大阪駅切換工事を顧みて」

《京滨急行电铁——战前城市纵贯规划及其挫折》「京浜急行電鉄——戦前期
　　における都市縦貫計画とその挫折」

《京阪电气铁道——沿线风土与历史景观》「京阪電気鉄道——沿線風土と歴
　　史的景観」

《四十四年铁道预算相关内容》「四十四年度鉄道予算内容ニッキテ」

《京成电铁——终点站竞争的历史》「京成電鉄——ターミナル駅にみる競合
　　の歴史」

《空间、近代、都市》「空間・近代・都市」

《迎接圣驾》「聖駕を迎へ奉りて」

《古代王权与行幸》「古代王権と行幸」

《向〈东京日日〉及〈大阪每日〉的各位读者问好》「初めて『東京日日』及『大
　　阪毎日』の読者各位に見まみゆ」

《向御召列车敬礼》「御召列車へ敬礼」

《皇太子殿下行启一周年之际》「皇太子殿下行啓一周年に際し」

《郊外电车集中在大阪站》「郊外電車の大阪駅集中」

《郊外电车的竞争》「郊外電車の競争」

《郊外住宅区的形成》「郊外住宅地の形成」

《阪急就省线吹田—鹰取间电气化中止向铁道部陈情》「省線吹田—鷹取間電化
　　の中止を阪急鉄道省に陳情」

《阪神急行电铁新京阪铁道的运输与经营》「阪神急行電鉄・新京阪鉄道の運輸
　　と経営」

《私铁终点站概史——关西篇》「私鉄ターミナル概史——関西編」

《城市规划新立法》「都市計画に関する新立法」

《神格化的记号：昭和大礼》「神格化のきざし　昭和大礼」

《政事结构》「政事の構造」

《前近代政治观》「前近代の政治観」

《大众传媒论》「マスメディア論」

《大阪御驻辇中的行幸御日程》「大阪御駐輦中の行幸御日程」

《大阪市的交通工具》「大阪市の交通機関」

《大正时期媒体活动的形成与中产阶级郊外乌托邦》「大正期におけるメディ
　　ア・イベントの形成と中産階級のユートピアとしての郊外」

《大礼奉祝交通电气博览会参观记》「大礼奉祝交通電気博覧会見物記」

《日本铁道业的形成与铁道政策（二）》「日本鉄道業の形成と鉄道政策（二）」

《梅田及难波站前整顿引发的该地区街道交通拥挤的缓解之策》「梅田及び難波
　　駅前整理の齎もたらす同地域の街路交通輻輳の緩和」

《1928年天皇即位大典与铁道运输》「一九二八年の天皇即位大典と鉄道輸送」

《奉迎行幸》「行幸を迎へ奉る」

《万岁的诞生》「万歳の誕生」

《民众娱乐问题》「民衆娯楽問題」

《无上的光荣》「無上の光栄」

《扈从大阪行幸之感》「大阪行幸に扈従した当時を語る」

守望思想　　逐光启航

LUMINAIRE
光启

铁道与天皇：日本近代城市的帝国化

[日] 原武史 著

王笑宇 译

策划编辑　余梦娇

责任编辑　余梦娇

营销编辑　池　淼　赵宇迪

装帧设计　wscgraphic.com

内文设计　李俊红

出版：上海光启书局有限公司

地址：上海市闵行区号景路 159 弄 C 座 2 楼 201 室　201101

发行：上海人民出版社发行中心

印刷：上海盛通时代印刷有限公司

开本：890mm×1240mm　1/32

印张：8.875　　字数：167, 000　　插页：2

2023 年 1 月第 1 版　　2023 年 1 月第 1 次印刷

定价：69.00 元

ISBN：978-7-5452-1962-3/K. 11

图书在版编目 (CIP) 数据

铁道与天皇：日本近代城市的帝国化 /（日）原武
史著；王笑宇译 . —上海：光启书局，2022

ISBN 978-7-5452-1962-3

Ⅰ . ①铁… Ⅱ . ①原… ②王… Ⅲ . ①城市史－日本
－近代②铁路运输－交通运输史－日本－近代 Ⅳ .
① K313.5 ② F533.13

中国版本图书馆 CIP 数据核字（2022）第 155269 号

本书如有印装错误，请致电本社更换 021-53202430